LA COCINA MODERNA DE HOKKAIDO

100 recetas de la isla más septentrional de Japón

Luis Esteban

Material con derechos de autor ©2024

Reservados todos los derechos

Ninguna parte de este libro puede usarse ni transmitirse de ninguna forma ni por ningún medio sin el debido consentimiento por escrito del editor y del propietario de los derechos de autor, excepto las breves citas utilizadas en una reseña. Este libro no debe considerarse un sustituto del asesoramiento médico, legal o de otro tipo profesional.

TABLA DE CONTENIDO

TABLA DE CONTENIDO..3
INTRODUCCIÓN...7
DESAYUNO..9
1. PAN DE LECHE DE HOKKAIDO CON MERMELADA...................10
2. HUEVOS REVUELTOS CON CANGREJO ESTILO HOKKAIDO...........13
3. PANQUEQUES DE FRIJOLES ROJOS DE HOKKAIDO....................15
4. TAZÓN DE DESAYUNO ESTILO HOKKAIDO....................................18
5. AVENA ESTILO HOKKAIDO CON MANTEQUILLA DE MISO...........20
6. TOSTADA FRANCESA ESTILO HOKKAIDO CON PASTA DE FRIJOLES ROJOS..22
7. MATCHA LATTE ESTILO HOKKAIDO..24
ENTRANTES...26
8. SUSHI INARI ESTILO HOKKAIDO..27
9. GYOZAS VEGETALES..29
10. ONIGIRI (BOLAS DE ARROZ) CON NORI......................................31
11. TOFU AGEDASHI ESTILO HOKKAIDO..33
12. GALLETAS DE FIDEOS CON MENTA...35
13. EDAMAME CON SAL MARINA..37
14. ANILLOS DE RAMEN FRITO..39
15. SALSA BLANCA PICANTE JAPONESA...41
16. BOCADITOS DE SALMÓN JAPONÉS Y PEPINO..............................43
17. TAZÓN JAPONÉS DE CETO-OKRA...45
18. SÁNDWICHES JAPONESES DE VERANO...47
19. PALOMITAS DE ALGA NORI..49
20. CHAMPIÑONES MARINADOS CON SOJA.......................................51
21. PIMIENTOS SHISHITO CRUJIENTES..53
22. BROCHETAS YAKITORI ESTILO HOKKAIDO..................................55
23. OKONOMIYAKI (PANQUEQUES JAPONESES)................................57
PLATO PRINCIPAL...59
24. OLLA CALIENTE DE MARISCOS DE HOKKAIDO (ISHIKARI NABE). 60
25. BARBACOA DE CORDERO GENGHIS KHAN ESTILO HOKKAIDO...63
26. BUTA DON ESTILO HOKKAIDO (TAZÓN DE ARROZ CON CERDO) 65

27. HOKKAIDO KANI MISO GRATINADO (CANGREJO MISO GRATINADO)..67
28. RAMEN CON VERDURAS DE MISO ROJO ASADO....................69
29. SALTEADO DE ZOODLES TERIYAKI JAPONÉS.........................73
30. RAMEN DULCE CON TOFU...75
31. RAMEN SHOYU...77
32. RAMEN DE MISO...79
33. FIDEOS RAMEN...81
34. RAMEN INSTANTÁNEO...83
35. FIDEOS KIMCHEE..85
36. TIRO CALIENTE DE RAMEN...87
37. CENA RAMEN...89
38. SALTEADO DE RAMEN DULCE Y PICANTE...............................91
39. RAMEN DE CHILE Y COCO..94
40. SALTEADO DE JUDÍAS VERDES Y RAMEN...............................96
41. RAMEN SEÚL..98
42. VERDURAS SALTEADAS Y RAMEN...100
43. VERDURAS ASADAS CON RAMEN...102
44. RAMEN DE LIMA Y PIMIENTO ROJO..104
SOPAS...107
45. KENCHINJIRU (SOPA DE VERDURAS JAPONESA)................108
46. SOPA JAPONESA DE ÑAME Y COL RIZADA...........................112
47. SOPA DE FIDEOS NORI...115
48. SOPA DE RAMEN DE CHAMPIÑONES.....................................117
49. SOPA DE MISO CON TOFU Y REPOLLO..................................119
50. SOPA DE MISO CON TOFU Y ALGAS.......................................121
51. SOPA DE FIDEOS CON ESPINACAS Y CEBOLLAS VERDES..........123
52. SOPA DE FIDEOS UDON CON TEMPURA DE VERDURAS........125
53. SOPA DE RAMEN CON MAÍZ Y BOK CHOY............................127
54. SOPA DE LECHE DE SOJA Y CALABAZA................................129
55. HOKKAIDO SUKIYAKI...131
56. SOPA DE FIDEOS SOMEN..133
57. SOPA DE FIDEOS AL CURRY...135
58. SOPA DE RAMEN CON CHAMPIÑONES..................................138
CALDO..140
59. CALDO DASHI..141

60. CALDO DE VERDURAS UMAMI..143
61. SOPA DE CEBOLLA CLARA DE HOKKAIDO..................146
62. BASE DE SOPA DE MISO..148
63. CALDO A BASE DE SALSA DE SOJA..................................150
64. CALDO DE RAMEN DE VERDURAS....................................152
65. CALDO DE CHAMPIÑONES SHIITAKE................................154
66. CALDO DE MISO CON SÉSAMO...156
67. CALDO PICANTE DE TOFU Y KIMCHI................................158
68. CALDO KOTTERI VEGETARIANO......................................160
69. CALDO DE FIDEOS UDON...163
70. CALDO DE TÉ VERDE DE HOKKAIDO...............................165
71. CALDO DE CHAMPIÑONES Y MISO CON VERDURAS....167
72. CALDO DE JENGIBRE Y LIMONCILLO...............................169
73. CALDO DE SHIITAKE DE CASTAÑAS................................171
74. CALDO DE CAMOTE Y COCO..173
75. CALDO DE SAKE Y CHAMPIÑONES SECOS...................175
76. CALDO CON INFUSIÓN DE WASABI Y NORI...................177
77. SOPA CLARA DE CHAMPIÑONES....................................179
ENSALADAS..181
78. ENSALADA DE ALGAS Y SÉSAMO..................................182
79. ENSALADA DE RAMEN DE MANZANA...........................184
80. ENSALADA DE RAMEN SAMBAL....................................187
81. ENSALADA DE RAMEN SERRANO DE HOKKAIDO.......189
82. ENSALADA DE RAMEN MANDARÍN................................191
83. RAMEN CON REPOLLO Y SEMILLAS DE GIRASOL.......193
84. ENSALADA CREMOSA DE NUECES Y FIDEOS.............195
85. ENSALADA DE JENGIBRE Y SÉSAMO DE INSPIRACIÓN JAPONESA
....197
86. ENSALADA DE VERDURAS ASADAS GLASEADAS CON MISO.....199
87. ENSALADA DE GARBANZOS Y AGUACATE...................201
88. TAZÓN DE SUSHI DE TOFU FRITO CRUJIENTE.............203
POSTRES..206
89. SHOCHU JAPONÉS AL LIMÓN...207
90. DULCES MOCHI..209
91. BROCHETAS DE FRUTAS JAPONESAS...........................211
92. SALSA AFRUTADA DE AGAR..213

93. DANGO KINAKO..215
94. HOKKAIDO DORAYAKI...217
95. HELADO DE MATCHA..219
96. HOKKAIDŌ ZENZAI...221
97. JALEA DE CAFÉ JAPONESA..................................223
98. TIRAMISÚ MATCHA..225
99. KINAKO WARABIMOCHI......................................227
100. SORBETE DE YUZU DE HOKKAIDO......................229
CONCLUSIÓN..231

INTRODUCCIÓN

¡Bienvenido a "LA COCINA MODERNA DE HOKKAIDO", una aventura culinaria por la isla más septentrional de Japón! Hokkaido, famosa por sus impresionantes paisajes y su rico patrimonio culinario, es un tesoro escondido de sabores que esperan ser explorados. En este libro de cocina, te invitamos a descubrir 100 recetas modernas e innovadoras inspiradas en la vibrante cultura gastronómica de Hokkaido.

Desde mariscos frescos capturados en aguas heladas hasta abundantes verduras de montaña y productos lácteos de exuberantes pastos, el diverso paisaje de Hokkaido ofrece una gran cantidad de ingredientes que forman la base de su identidad culinaria. En "La cocina moderna de Hokkaido", celebramos este rico tapiz de sabores, ofreciendo un toque contemporáneo a platos tradicionales y creaciones innovadoras que muestran lo mejor de la cocina de Hokkaido.

Ya sea que sea un chef experimentado o un cocinero casero aventurero, en estas páginas hay algo para todos. Cada receta está cuidadosamente elaborada para capturar la esencia de la herencia culinaria de Hokkaido y al mismo tiempo adopta técnicas e ingredientes modernos. Desde reconfortantes sopas y guisos hasta elegantes platos de mariscos y postres irresistibles, encontrarás una amplia gama de sabores y texturas para deleitar tu paladar.

Únase a nosotros en nuestro viaje por los vibrantes mercados, los bulliciosos izakayas y las acogedoras cocinas caseras de Hokkaido. Deje que "La cocina moderna de Hokkaido" sea su guía para explorar el diverso y delicioso mundo de la cocina japonesa, una receta a la vez.

Prepárese para inspirarse, tentarse y transportarse a la encantadora isla de Hokkaido mientras nos embarcamos juntos en esta aventura culinaria. ¡Sumergámonos y descubramos los sabores del paraíso más septentrional de Japón!

DESAYUNO

1. Pan De Leche De Hokkaido Con Mermelada

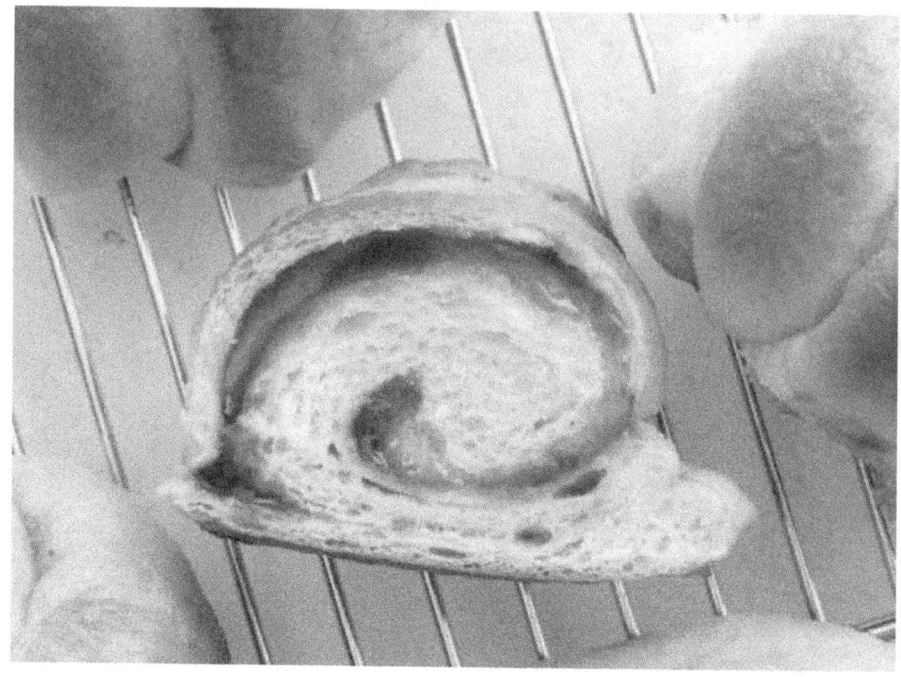

INGREDIENTES:

- 2 tazas de harina para pan
- 1/2 taza de leche Hokkaido
- 3 cucharadas de azúcar
- 1 cucharadita de sal
- 2 cucharadas de mantequilla sin sal, ablandada
- 2 cucharaditas de levadura seca activa
- Mermelada casera de tu elección

INSTRUCCIONES:

a) En un tazón, combine la harina para pan, el azúcar, la sal y la levadura.
b) Calienta la leche Hokkaido hasta que esté tibia (aproximadamente 110°F/43°C).
c) Agrega la leche tibia a los ingredientes secos y mezcla hasta que se forme una masa.
d) Amasar la masa sobre una superficie enharinada durante unos 10 minutos, o hasta que quede suave y elástica.
e) Coloque la masa en un recipiente engrasado, cúbrala con un paño de cocina limpio y déjela reposar en un lugar cálido durante aproximadamente 1 hora, o hasta que duplique su tamaño.
f) Golpee la masa cocida y divídala en porciones iguales. Forma una bola pequeña con cada porción.
g) Coloca las bolas de masa en un molde para hornear engrasado, tápala y déjalas reposar por otros 30 minutos.
h) Precalienta tu horno a 350°F (175°C).

i) Hornee la masa cocida durante 20-25 minutos o hasta que esté dorada.
j) Sirve el pan de leche de Hokkaido caliente con mermelada casera.

2. Huevos Revueltos Con Cangrejo Estilo Hokkaido

INGREDIENTES:
- 4 huevos
- 1/4 taza de leche Hokkaido
- Sal y pimienta para probar
- 1 cucharada de mantequilla sin sal
- 1/2 taza de carne de cangrejo cocida, desmenuzada
- Cebollino picado para decorar

INSTRUCCIONES:
a) En un tazón, mezcle los huevos, la leche Hokkaido, la sal y la pimienta hasta que estén bien combinados.
b) Calienta la mantequilla en una sartén a fuego medio.
c) Vierte la mezcla de huevo en la sartén y déjala cocinar unos segundos hasta que empiece a cuajar.
d) Revuelve suavemente los huevos con una espátula, doblándolos sobre sí mismos mientras se cocinan.
e) Cuando los huevos estén casi cuajados, agregue la carne de cangrejo cocida y continúe cocinando por un minuto más, o hasta que los huevos estén completamente cocidos y el cangrejo completamente caliente.
f) Retirar del fuego y espolvorear cebollino picado sobre los huevos revueltos.
g) Sirva los huevos revueltos al estilo Hokkaido con cangrejo calientes.

3. Panqueques de frijoles rojos de Hokkaido

INGREDIENTES:
- 1 taza de harina para todo uso
- 1 cucharada de azúcar
- 1 cucharadita de polvo para hornear
- 1/4 cucharadita de sal
- 1/2 taza de frijoles rojos de Hokkaido cocidos (anko)
- 3/4 taza de leche Hokkaido
- 1 huevo
- Mantequilla o aceite para cocinar
- Sirope de arce para servir

INSTRUCCIONES:
a) En un tazón, combine la harina, el azúcar, el polvo para hornear y la sal.
b) En otro tazón, triture los frijoles rojos de Hokkaido cocidos con un tenedor hasta que quede suave.
c) Agrega la leche y el huevo al puré de frijoles rojos y mezcla bien.
d) Agregue gradualmente los ingredientes húmedos a los ingredientes secos, revolviendo hasta que estén combinados.
e) Calienta una sartén o plancha a fuego medio y engrasa ligeramente con mantequilla o aceite.
f) Vierta aproximadamente 1/4 taza de masa en la sartén para cada panqueque.
g) Cocine hasta que se formen burbujas en la superficie de los panqueques, luego voltee y cocine hasta que se doren por el otro lado.

h) Repita con la masa restante.
i) Sirva los panqueques de frijoles rojos de Hokkaido calientes con jarabe de arce.

4. Tazón de desayuno estilo Hokkaido

INGREDIENTES:
- 1 taza de arroz cocido de grano corto
- 1/2 taza de soja Hokkaido cocida (edamame)
- 1/2 taza de papas Hokkaido cortadas en cubitos, cocidas
- 1/2 taza de zanahorias Hokkaido cortadas en cubitos, cocidas
- 1/4 taza de nori (alga) rallado
- 1 cucharada de salsa de soja
- 1 cucharadita de aceite de sésamo
- 1 cucharadita de semillas de sésamo tostadas
- Huevo frito (opcional)

INSTRUCCIONES:
a) En un tazón, combine el arroz cocido, la soja Hokkaido, las patatas cortadas en cubitos y las zanahorias cortadas en cubitos.
b) Rocíe salsa de soja y aceite de sésamo sobre la mezcla de arroz y verduras.
c) Mezcle suavemente para combinar.
d) Divida la mezcla en tazones para servir.
e) Cubra cada tazón con nori rallado y semillas de sésamo tostadas.
f) Si lo deseas, sírvelo con un huevo frito encima.
g) Disfrute de su plato de desayuno estilo Hokkaido.

5. Avena estilo Hokkaido con mantequilla de miso

INGREDIENTES:
- 1 taza de copos de avena
- 2 tazas de agua
- 2 cucharadas de pasta de miso
- 2 cucharadas de mantequilla sin sal
- 1 cucharada de miel
- Cebollas verdes en rodajas para decorar

INSTRUCCIONES:
a) En una cacerola, hierva el agua. Agregue los copos de avena y reduzca el fuego a bajo. Cocine a fuego lento, revolviendo ocasionalmente, durante unos 5 a 7 minutos o hasta que la avena esté cocida con la consistencia deseada.
b) En un tazón pequeño, mezcle la pasta de miso, la mantequilla blanda y la miel hasta que estén bien combinados.
c) Agrega la mezcla de mantequilla de miso a la avena cocida hasta que esté completamente incorporada.
d) Retirar del fuego y dejar reposar un minuto.
e) Sirva la avena estilo Hokkaido caliente, adornada con cebollas verdes en rodajas.

6. Tostada Francesa Estilo Hokkaido Con Pasta De Frijoles Rojos

INGREDIENTES:
- 4 rebanadas de pan grueso
- 2 huevos
- 1/2 taza de leche Hokkaido
- 1/4 cucharadita de extracto de vainilla
- Mantequilla para freír
- Pasta dulce de frijoles rojos (anko) para servir
- Azúcar en polvo para espolvorear

INSTRUCCIONES:
a) En un plato poco profundo, mezcle los huevos, la leche Hokkaido y el extracto de vainilla hasta que estén bien combinados.
b) Calienta una sartén o plancha a fuego medio y derrite un poco de mantequilla.
c) Sumerge cada rebanada de pan en la mezcla de huevo, cubriendo ambos lados uniformemente.
d) Coloque las rebanadas de pan bañadas en la sartén y cocine hasta que estén doradas por ambos lados, aproximadamente 2-3 minutos por lado.
e) Retire las tostadas francesas de la sartén y sírvalas calientes con pasta de frijoles rojos dulces untada encima.
f) Espolvoree con azúcar en polvo antes de servir.

7. Matcha Latte estilo Hokkaido

INGREDIENTES:
- 1 taza de leche Hokkaido
- 1 cucharadita de matcha en polvo
- 1 cucharada de miel o azúcar (opcional)

INSTRUCCIONES:
a) En una cacerola pequeña, caliente la leche Hokkaido a fuego medio hasta que esté caliente pero no hirviendo.
b) En un bol, bata el matcha en polvo con una pequeña cantidad de agua caliente hasta formar una pasta suave.
c) Vierta la leche Hokkaido caliente en la pasta de matcha y bata hasta que esté bien combinada.
d) Si lo deseas, endulza con miel o azúcar al gusto.
e) Vierta el matcha latte estilo Hokkaido en tazas y sírvalo caliente.

ENTRANTES

8. Sushi Inari estilo Hokkaido

INGREDIENTES:
- 1 taza de arroz para sushi, cocido y sazonado con vinagre de arroz
- 1 paquete de bolsillos inari (bolsas de tofu dulce)
- Semillas de sésamo para decorar
- Cebollas verdes en rodajas finas

INSTRUCCIONES:
a) Abre suavemente los bolsillos inari.
b) Llene cada bolsillo con una pequeña cantidad de arroz para sushi sazonado.
c) Adorne con semillas de sésamo y cebollas verdes en rodajas.

9. Gyozas vegetales

INGREDIENTES:
- 1 taza de repollo, finamente picado
- 1/2 taza de zanahorias ralladas
- 1/2 taza de hongos shiitake, finamente picados
- 2 cebollas verdes, finamente picadas
- 1 diente de ajo, picado
- 1 cucharadita de jengibre rallado
- 1 cucharada de salsa de soja
- Envoltorios de gyozas
- Aceite vegetal para freír
- Salsa para mojar (salsa de soja, vinagre de arroz y un chorrito de aceite de sésamo)

INSTRUCCIONES:
a) En un tazón, mezcle el repollo, las zanahorias, los hongos shiitake, las cebollas verdes, el ajo, el jengibre y la salsa de soja.
b) Coloca una cucharada de la mezcla en un envoltorio de gyoza, dobla y sella los bordes.
c) Freír las gyoza hasta que estén doradas por ambos lados.
d) Sirva con salsa para mojar.

10. Onigiri (bolas de arroz) con nori

INGREDIENTES:
- 2 tazas de arroz para sushi, cocido
- Hojas de nori, cortadas en tiras
- Sal al gusto
- Rellenos (ciruela encurtida, aguacate o verduras salteadas)

INSTRUCCIONES:
a) Mójate las manos y espolvoréalas con sal.
b) Toma un puñado de arroz para sushi cocido y dale forma de triángulo o bola.
c) Coloca una pequeña cantidad de relleno en el centro.
d) Envolver con tiras de nori.
e) Repita para hacer más onigiri.

11. Tofu Agedashi estilo Hokkaido

INGREDIENTES:
- 1 bloque de tofu firme, cortado en cubos
- 1/2 taza de maicena
- Aceite vegetal para freír
- 1 taza de dashi
- 2 cucharadas de salsa de soja
- 1 cucharada de mirín
- 1 cucharada de rábano daikon rallado (opcional)
- Cebollas verdes picadas para decorar

INSTRUCCIONES:
a) Cubra los cubos de tofu con maicena y fríalos hasta que estén dorados.
b) En una cacerola aparte, combine el dashi, la salsa de soja y el mirin. Llevar a fuego lento.
c) Coloque el tofu frito en una fuente para servir y vierta la salsa encima.
d) Adorne con daikon rallado y cebollas verdes picadas.

12. Galletas de fideos con menta

4 INGREDIENTES:
- 4 paquetes (3 oz) de fideos ramen, crudos
- 1 bolsa (16 oz) de chispas de chocolate amargo
- 12-14 gotas de extracto de menta
- 1-2 gotas de extracto de menta
- 1-2 gotas de extracto de gaulteria
- 24 palitos de piruleta

INSTRUCCIONES:
a) Rompe los fideos en pedazos y colócalos en un tazón. Coloca una olla a fuego lento. Agrega las chispas de chocolate.
b) Agrega el extracto de menta. Cocínelos durante 1 minuto . Vierte la mezcla sobre todos los fideos y mézclalos bien.
c) cucharada grande para colocar la mezcla en forma de galletas en una bandeja para hornear alineada. Colocar el molde en el frigorífico durante al menos 1 h. Sirve tus galletas con tus ingredientes favoritos.
d) Disfrutar.

13. Edamame Con Sal Marina

INGREDIENTES:
- 2 tazas de edamame (fresco o congelado)
- Sal marina, al gusto

INSTRUCCIONES:
a) Si usa edamame congelado, hiérvalos en agua con sal durante 3 a 5 minutos o hasta que estén tiernos.
b) Escurrir y espolvorear con sal marina.
c) Servir tibio o a temperatura ambiente.

14. Anillos de ramen frito

INGREDIENTES:
- Masa para freír, reservar 2 tazas
- 1 taza de harina con levadura
- 1 cucharadita de sal
- 1/4 cucharaditas de pimienta
- 2 huevos batidos
- 1 taza de cerveza
- Cebollas
- 2 paquetes (3 oz) de fideos ramen, paquete de aceite reservado, para freír
- 1 cebolla Vidalia grande, anillada

INSTRUCCIONES:

a) Consigue un bol grande: bate en él la harina, los huevos, la cerveza, una pizca de sal y pimienta.
b) Consigue un procesador de alimentos: corta un ramen por la mitad y procésalo hasta que quede molido. Agréguelo a la masa de harina y mezcle bien. Tritura finamente el otro ramen y colócalo en un plato llano. Añade el paquete de condimentos y mézclalos bien.
c) Coloca una sartén grande a fuego medio. Llene 3/4 de pulgada con aceite y caliéntelo.
d) Cubra los aros de cebolla con la masa de harina y sumérjalos en la mezcla de fideos triturados. Colócalas en el aceite caliente y cocínalas hasta que se doren.
e) Sirve tus aros de cebolla con tu salsa favorita.
f) Disfrutar.

15. Salsa Blanca Picante Japonesa

INGREDIENTES:
- 2 ¼ taza de mayonesa japonesa
- 1 ¼ cucharaditas de ajo en polvo
- 1 taza. Salsa de tomate
- 1 cucharadas de pimentón
- 3 ¼ cucharadas de azúcar
- 2 cucharaditas de cebolla en polvo
- 1 ¼ cucharaditas de pimienta de cayena
- 1 cucharaditas de sal marina
- 1 ½ cucharaditas de salsa sriracha
- 1 taza. agua

INSTRUCCIONES:
a) En un tazón grande y limpio, vierte todos los ingredientes.
b) Revuelva y bata bien para mezclar hasta que quede sin grumos.
c) Déjelo en el refrigerador hasta que esté listo para usarlo.
d) Sírvelo con arroz, pasta o aderezo para ensalada de verduras.

16. Bocaditos De Salmón Japonés Y Pepino

INGREDIENTES:
- 1 pepino. Rebanado audazmente
- $\frac{1}{2}$ libra de filete de salmón
- 1 $\frac{1}{4}$ cucharaditas de salsa de soja
- 2 Cucharadas de cebolletas. finamente picado
- 1 cucharadita de mirín
- 1 Ichimi togarashi (chile japonés)
- 1 cucharaditas de aceite de sésamo
- $\frac{1}{2}$ cucharaditas de semillas de sésamo negro

INSTRUCCIONES:
a) En un tazón pequeño, combine el salmón, la salsa de soja, las cebolletas, el aceite de sésamo y el mirin.
b) Coloque las rodajas de pepino en un plato, vierta una cucharada de salmón encima y rocíe el resto de la cebolleta y las semillas de sésamo.

17. Tazón japonés de ceto-okra

INGREDIENTES:
- 2 dedos de okra
- 2 cucharadas de salsa de soja
- 2 cucharadas de hojuelas de bonito
- 2 cucharadas de fruta de swerve/monk
- 2 cucharadas de agua
- 2 cucharadas de sake
- 2 cucharaditas de semillas de sésamo, tostadas
- 2 cucharadas de hojuelas de bonito

INSTRUCCIONES:
a) Hervir 2 tazas de agua en una estufa.
b) En otra olla, agregue la salsa de soja, las hojuelas de bonito, 2 cucharaditas de agua, el sake, desvíe y saltee durante 1 minuto.
c) Regrese al agua que ahora está hirviendo y agregue la okra, cocine por 3 minutos o hasta que esté suave.
d) Escurrir y picar en rodajas gruesas.
e) Coloque la okra en rodajas en un bol y vierta la salsa encima.
f) Adorne con semillas de sésamo y hojuelas de bonito.

18. Sándwiches japoneses de verano

INGREDIENTES:
- Rebanadas de pan, seis
- fresa, una taza
- Crema batida, una taza

INSTRUCCIONES:
a) Primero debes preparar tu pan.
b) Batir media taza de crema para batir en un tazón hasta que esté firme y esparcirla uniformemente sobre el pan.
c) A continuación, lava, corta los tallos y pica cada fresa por la mitad por la mitad.
d) Tu sándwich está listo para servir.

19. Palomitas de Alga Nori

INGREDIENTES:
- Semillas de sésamo negro, una cucharada
- Azúcar moreno, una cucharada
- Sal, media cucharadita
- Aceite de coco, media cucharadita
- Grano de palomitas de maíz, media taza
- Mantequilla, dos cucharadas
- Hojuelas de alga nori, una cucharada

INSTRUCCIONES:
a) En un mortero, muele las hojuelas de alga nori, las semillas de sésamo, el azúcar y la sal hasta obtener un polvo fino.
b) Derrita el aceite de coco en una cacerola grande de fondo grueso.
c) Agrega los granos de palomitas de maíz, cubre con una tapa y cocina a fuego medio hasta que revienten.
d) Agregue inmediatamente el resto del maíz después de que esté reventado, vuelva a tapar y cocine, agitando la sartén ocasionalmente hasta que todos los granos estén reventados.
e) Transfiera las palomitas de maíz a un tazón grande y viértalas sobre la mantequilla derretida, si la usa.
f) Espolvorea sobre la mezcla de nori dulce y salado y usa tus manos para mezclar bien hasta que cada pieza esté cubierta.
g) Cubra con las semillas de sésamo restantes.

20. Champiñones Marinados Con Soja

INGREDIENTES:
- 4 paquetes de hongos enoki o tu hongo preferido
- 2 cucharadas de salsa de soja
- 3cucharadas de aceite de girasol
- 3cucharadas de vinagre de arroz
- 3cucharadas de mitsuba. bien picado
- 2 chiles rojos.
- Sal kosher
- 2 cucharadas de shiso verde. Picado muy fino

INSTRUCCIONES:
a) A fuego lento, vierte el aceite en una cacerola y caliéntalo.
b) Agrega los champiñones al aceite caliente y sofríe hasta que absorba todo el aceite.
c) Apague el fuego y agregue la salsa de soja, el vinagre, el shiso, la mitsuba, la sal y la pimienta.
d) Sírvelo o refrigéralo cuando esté frío.

21. Pimientos Shishito Crujientes

INGREDIENTES:
- 1 taza de pimientos shishito
- 2 cucharadas de aceite vegetal
- Sal marina, al gusto
- Rodajas de limón para servir

INSTRUCCIONES:

a) Calienta el aceite vegetal en una sartén a fuego medio-alto.

b) Agregue los pimientos shishito y saltee hasta que se ampollen y queden crujientes.

c) Espolvorea con sal marina y sirve con rodajas de limón.

22. Brochetas Yakitori Estilo Hokkaido

INGREDIENTES:
- 1 taza de tofu firme, cortado en cubos
- 1 taza de champiñones (shiitake o botón), enteros o cortados por la mitad
- 1 taza de tomates cherry
- 1/2 taza de salsa de soja
- 1/4 taza de mirín
- 2 cucharadas de azúcar
- Brochetas de madera remojadas en agua.

INSTRUCCIONES:
a) Pase el tofu, los champiñones y los tomates cherry en las brochetas.
b) En una cacerola, mezcle la salsa de soja, el mirin y el azúcar. Cocine a fuego lento hasta que espese un poco.
c) Ase o ase las brochetas, untándolas con la salsa hasta que estén caramelizadas.

23. Okonomiyaki (panqueques japoneses)

INGREDIENTES:
- 1 taza de repollo rallado
- 1/4 taza de zanahoria rallada
- 2 cucharadas de cebollas verdes picadas
- 1/2 taza de harina para todo uso
- 1/2 taza de agua
- 1 cucharada de salsa de soja
- 1 cucharada de aceite vegetal
- Mayonesa y salsa okonomiyaki para cubrir

INSTRUCCIONES:
a) En un bol, mezcle el repollo, la zanahoria, las cebolletas, la harina, el agua y la salsa de soja.
b) Calienta aceite vegetal en una sartén y extiende la masa en forma de panqueque.
c) Cocine hasta que ambos lados estén dorados.
d) Cubra con mayonesa y salsa okonomiyaki antes de servir.

PLATO PRINCIPAL

24. Olla caliente de mariscos de Hokkaido (Ishikari Nabe)

INGREDIENTES:
- 4 tazas de dashi (caldo de sopa japonesa)
- 1/4 taza de pasta de miso
- 1/2 taza de sake
- 2 cucharadas de salsa de soja
- 1 cucharada de mirín
- 1/2 libra de filete de salmón, cortado en trozos
- 1/2 libra de vieiras
- 1/2 libra de camarones, pelados y desvenados
- 1/2 libra de tofu, cortado en cubos
- 1 taza de champiñones Hokkaido en rodajas (como shiitake o enoki)
- 1 taza de repollo Napa, rebanado
- 1/2 taza de cebollas verdes Hokkaido en rodajas
- Arroz de grano corto de Hokkaido cocido para servir

INSTRUCCIONES:
a) En una olla, hierva el dashi a fuego medio.
b) En un tazón pequeño, diluya la pasta de miso con un poco de agua caliente de la olla hasta que quede suave.
c) Agrega el sake, la salsa de soja y el mirin a la pasta de miso hasta que estén bien combinados.
d) Agregue la mezcla de miso al dashi hirviendo y revuelva para combinar.
e) Agregue salmón, vieiras, camarones, tofu, champiñones y repollo Napa a la olla.

f) Cocine a fuego lento durante unos 10 a 15 minutos o hasta que los mariscos estén bien cocidos y las verduras tiernas.
g) Sirva la olla caliente de mariscos de Hokkaido caliente con cebollas verdes en rodajas espolvoreadas encima y arroz de grano corto cocido a un lado.

25. Barbacoa de cordero Genghis Khan estilo Hokkaido

INGREDIENTES:
- 1 libra de paleta de cordero, en rodajas finas
- 1 cebolla, rebanada
- 2 dientes de ajo, picados
- 1 cucharada de salsa de soja
- 1 cucharada de sake
- 1 cucharada de mirín
- 1 cucharada de azúcar
- Sal y pimienta para probar
- Mantequilla Hokkaido para asar
- Cebollas verdes de Hokkaido para decorar

INSTRUCCIONES:
a) En un tazón, combine la paleta de cordero en rodajas, la cebolla en rodajas, el ajo picado, la salsa de soja, el sake, el mirin, el azúcar, la sal y la pimienta. Marinar durante al menos 30 minutos.
b) Calienta una parrilla o sartén a fuego medio-alto.
c) Ensarte las rodajas de cordero marinadas en las brochetas.
d) Ase las brochetas durante 2-3 minutos por cada lado o hasta que estén cocidas al punto deseado.
e) Mientras asa, unte las brochetas con mantequilla de Hokkaido para darle más sabor.
f) Adorne con cebollas verdes en rodajas antes de servir.

26. Buta Don estilo Hokkaido (tazón de arroz con cerdo)

INGREDIENTES:
- 1 taza de arroz de grano corto Hokkaido cocido
- 1/2 libra de lomo de cerdo, en rodajas finas
- 2 cucharadas de salsa de soja
- 2 cucharadas de mirín
- 1 cucharada de sake
- 1 cucharada de azúcar
- 1/2 cebolla, en rodajas finas
- 2 huevos
- Cebollas verdes de Hokkaido para decorar

INSTRUCCIONES:
a) En un bol, combine la salsa de soja, el mirin, el sake y el azúcar. Agregue las rodajas de cerdo y deje marinar durante al menos 15 minutos.
b) Calienta una sartén a fuego medio. Agregue las rebanadas de cerdo marinadas y cocine hasta que se doren y estén bien cocidas.
c) Retire la carne de cerdo de la sartén y reserve. En la misma sartén, agregue las cebollas rebanadas y cocine hasta que se ablanden.
d) En un recipiente aparte, bata los huevos.
e) Vierta los huevos batidos en la sartén y cocine hasta que estén listos.
f) Para armar, coloque el arroz cocido en un bol. Cubra con rodajas de cerdo cocidas, cebollas y huevos revueltos.
g) Adorne con cebollas verdes en rodajas antes de servir.

27. Hokkaido Kani Miso gratinado (cangrejo miso gratinado)

INGREDIENTES:
- 1/2 libra de carne de cangrejo de las nieves de Hokkaido cocida
- 2 cucharadas de pasta de miso
- 2 cucharadas de mayonesa
- 1/4 taza de leche Hokkaido
- 1/4 taza de queso Hokkaido rallado (como Cheddar o Gouda)
- 1/4 taza de pan rallado panko
- Manteca de Hokkaido para engrasar
- Cebollas verdes de Hokkaido para decorar

INSTRUCCIONES:
a) Precalienta tu horno a 400°F (200°C).
b) En un bol, mezcle la pasta de miso, la mayonesa y la leche Hokkaido hasta que quede suave.
c) Agregue la carne de cangrejo de las nieves cocida a la mezcla de miso y revuelva para combinar.
d) Engrase platos individuales para gratinar con mantequilla Hokkaido.
e) Divida la mezcla de miso de cangrejo de manera uniforme entre los platos gratinados.
f) Cubra cada gratinado con queso rallado y pan rallado panko.
g) Hornee en el horno precalentado durante 10 a 12 minutos o hasta que la parte superior esté dorada y burbujeante.
h) Adorne con cebollas verdes en rodajas antes de servir.

28. Ramen Con Verduras De Miso Rojo Asado

INGREDIENTES:
PARA EL CALDO:
- 2 cucharadas. aceite vegetal
- 1 cebolla amarilla mediana, picada
- 1 zanahoria grande, pelada y cortada en rodajas
- 10 dientes de ajo, pelados y machacados
- 1 trozo de jengibre de 4 ", en rodajas
- Sal kosher
- 5 onzas Hongos shiitake frescos (sin tallos, reservando las tapas)
- 2 segmentos (3") kombu
- 0,5 onzas hongos shiitake secos
- 2 cabezas de bok choy baby, en cuartos
- 6 cebollas verdes, picadas
- 4 tazas de caldo de verduras

PARA LAS VERDURAS DE MISO ROJO ASADAS:
- 6 onzas. champiñones portobello pequeños, en cuartos
- 5 onzas tapas de hongos shiitake (reservadas del caldo)
- 1 zanahoria grande, en rodajas finas
- 2 cabezas de bok choy baby, en cuartos
- 0,5 taza de edamame sin cáscara
- 1 cucharada. pasta de miso roja
- 2 dientes de ajo, rallados
- 1 cucharadita El jengibre rallado
- 2 cebollas verdes, las partes blancas picadas, las hojas verdes en rodajas finas y reservadas
- 1 cucharada. aceite vegetal

- Sal kosher

PARA TERMINAR:
- 0,25 taza de salsa de soja
- 0,25 taza de mirín
- 1 cucharada. semillas de sésamo tostadas
- 1 paquete (10 onzas) de fideos de trigo ramen secos
- aceite de sésamo
- semillas de sésamo
- Cebollas verdes

INSTRUCCIONES:
HACER CALDO:
a) Caliente el aceite vegetal en una olla grande a fuego medio. Agrega la cebolla, la zanahoria, el jengibre, el ajo y una pizca de sal. Cocine durante 7 minutos hasta que las verduras comiencen a tomar color.
b) Agregue los tallos de shiitake, el kombu, los hongos shiitake secos, el bok choy y las cebollas verdes. Vierta el caldo de verduras y 4 tazas de agua. Llevar a ebullición y luego cocinar a fuego lento tapado durante 25 minutos.
c) Cuela el caldo a través de un colador de malla fina en un tazón grande, presionando el líquido de las verduras. Deseche los sólidos. Regrese el caldo a la olla y sazone al gusto con sal.

HAGA VERDURAS DE MISO ASADAS:
d) Precalienta el horno a 425°F. En un bol, mezcle la pasta de miso, el aceite, la cebolla verde, el jengibre y el ajo rallado.

e) Mezcle las zanahorias y los champiñones por separado en la mezcla de miso. Transfiera a una bandeja para hornear forrada con papel de aluminio, dejando espacio para el bok choy y el edamame. Ase durante 5 minutos.
f) En un recipiente aparte, mezcle el bok choy y el edamame con aceite y sazone con sal. Agregue a la bandeja para hornear y ase por otros 15 minutos hasta que todas las verduras estén tiernas y doradas.

ARMAR:

g) Cocine los fideos ramen según las instrucciones del paquete y luego escúrralos.
h) Batir el mirin y la salsa de soja en un tazón pequeño.
i) En cada tazón, agregue 1,5 tazas de caldo caliente, fideos y cubra con zanahorias, champiñones y bok choy. Rocíe con la mezcla de soja y mirin.
j) Adorne con edamame asado, cebollas verdes, aceite de sésamo y semillas de sésamo antes de servir.

29. Salteado De Zoodles Teriyaki Japonés

INGREDIENTES:
- 2 cucharadas de aceite vegetal
- 1 cebolla mediana, en rodajas finas
- 2 calabacines medianos, cortados en tiras finas
- 2 cucharadas de salsa teriyaki
- 1 cucharada de salsa de soja
- 1 cucharada de semillas de sésamo tostadas
- pimienta negro

INSTRUCCIONES:

a) Coloca una sartén grande a fuego medio. Calienta el aceite que contiene. Agrega la cebolla y cocínala por 6 minutos.

b) Agrega los calabacines y cocínalos por 2 minutos. Agrega los ingredientes restantes y cocínalos por 6 minutos. Sirve tu salteado de inmediato. Disfrutar.

30. Ramen Dulce Con Tofu

INGREDIENTES:
- 1 paquete de fideos ramen
- 2 tazas de agua
- 2 cucharadas de aceite vegetal
- 3 rebanadas de tofu, de 1/4 de pulgada de grosor
- 2 tazas de brotes de soja
- 1/2 calabacín pequeño, en rodajas finas
- 2 cebollas verdes, en rodajas
- 1/2 taza de vainas de guisantes verdes dulces
- harina
- sal condimentada
- aceite de sésamo

INSTRUCCIONES:
a) Corta cada trozo de tofu en 3 trozos. Espolvoréalas con un poco de harina. Coloca una sartén grande a fuego medio. Calienta 1 cucharada de aceite en él.
b) Cocine en él el tofu durante 1 a 2 minutos por cada lado. Escúrrelo y déjalo a un lado. Calentar un chorrito de aceite en la misma sartén. Saltee las verduras durante 6 minutos. Déjalos a un lado.
c) Cocine los fideos. Agregue el paquete de condimentos.
d) Coloca una sartén grande a fuego medio. Calentar en él un chorrito de aceite.
e) Cocine en él los brotes de soja durante 1 minuto.
f) Coloque los brotes de soja fritos en el fondo de un tazón para servir. Cúbralo con ramen, verduras cocidas y tofu. Sírvelos calientes. Disfrutar.

31. Ramen Shoyu

INGREDIENTES:
- Chashu, una taza
- Nitamago, según sea necesario
- Shiitake, según sea necesario
- La-yu, según sea necesario
- Nori, media taza
- Ramen, cuatro paquetes
- Dashi, media taza

INSTRUCCIONES:
a) En una olla con agua hirviendo con sal, cocine el ramen, revolviendo con pinzas o palillos, hasta que esté cocido, aproximadamente un minuto.
b) En una cacerola pequeña a fuego medio, caliente el dashi y el shiitake hasta que hiervan a fuego lento.
c) Cocine por un minuto y retire del fuego.
d) Deja el shiitake a un lado.
e) Agregue el dashi y los fideos al tazón para servir.
f) Cubra con chashu, nitamago, shiitake, cebolla verde, un chorrito de la-yu y nori, si lo desea.

32. Ramen de miso

INGREDIENTES:
- Pasta de miso, 1 cucharada
- Mezclar vegetales, 1 taza
- Ramen, 2 paquetes
- Salsa de soja, 1 cucharada

INSTRUCCIONES:
a) Cocine el ramen y hierva las verduras.
b) Ahora mezcle todos los ingredientes restantes y sirva caliente.

33. Fideos ramen

INGREDIENTES:
- Fideos ramen, dos paquetes
- Pasta de miso, dos cucharadas
- Salsa de soja, una cucharada

INSTRUCCIONES:
a) Mezcle todos los ingredientes y cocine bien durante diez minutos.
b) Tu plato está listo para ser servido.

34. ramen instantáneo

INGREDIENTES:
- Fideos ramen instantáneos, dos paquetes
- Mezcla instantánea de especias, dos cucharadas
- Agua, tres tazas

INSTRUCCIONES:

a) Mezclar todos los ingredientes y cocinar durante diez minutos.

b) Tu plato está listo para ser servido.

35. Fideos Kimchee

INGREDIENTES:
- 1 1/2 taza de kimchee
- 1 paquete (3 oz) de fideos ramen instantáneos con sabor oriental
- 1 paquete (12 oz) de spam, en cubos
- 2 cucharadas de aceite vegetal

INSTRUCCIONES:
a) Cocine los fideos según las instrucciones del paquete. Coloca la sartén a fuego medio. Calienta el aceite que contiene. Saltear en él los trozos de spam durante 3 minutos.
b) Agregue los fideos después de escurrirlos y cocínelos por 3 minutos más.
c) Agrega el kimchee y cocínalo durante 2 minutos. sirve tus fideos cálido.

36. Tiro caliente de ramen

INGREDIENTES:
- 1 1/2 taza de agua
- 1 cebolla amarilla pequeña, finamente picada
- 1 costilla de apio, finamente picada
- 6 zanahorias pequeñas, en juliana
- 1 paquete (3 oz) de fideos ramen, partidos
- 1 lata (5 1/2 oz) de sardinas en salsa de tomate
- 2-3 pizcas de salsa picante

INSTRUCCIONES:
a) Coloque una cacerola grande con agua a fuego medio. Agregue el agua, la cebolla, el apio y las zanahorias. Cocínalos durante 12 minutos. Agrega los fideos y cocínalos de 3 a 4 minutos.

b) Agrega las sardinas con el tomate y la salsa picante a la cacerola. Atender caliéntalo con tus ingredientes favoritos.

37. Cena Ramen

INGREDIENTES:
- 1 lata (6 oz.) de atún en aceite vegetal
- 1 paquete (3 oz) de fideos ramen, de cualquier sabor
- 1/2 taza de vegetales mixtos congelados

INSTRUCCIONES:
a) Coloca una sartén grande a fuego medio. Calentar en él un chorrito de aceite.
b) Cocine en él el atún durante 2 a 3 minutos.
c) Prepare los fideos ramen según las instrucciones del paquete con las verduras.
d) Retire los fideos y las verduras del agua y transfiéralos a la sartén. Agregue el paquete de condimentos y cocínelos durante 2 a 3 minutos.
e) Sirve tu atún ramen caliente.

38. Salteado de ramen dulce y picante

INGREDIENTES:
- 1 paquete (14 oz) de tofu extra firme, en cubos
- 8 cucharaditas de salsa de soja
- 2 cucharadas de aceite vegetal
- 8 oz. hongos shiitake, en rodajas finas
- 2 cucharaditas de salsa de chile asiática
- 3 dientes de ajo, picados
- 1 cucharada de jengibre fresco rallado
- 3 1/2 tazas de caldo
- 4 paquetes (3 oz) de fideos ramen, paquetes desechados
- 3 cucharadas de vinagre de sidra
- 2 cucharaditas de azúcar
- 1 bolsa (6 oz) de espinacas tiernas

INSTRUCCIONES:
a) Use algunas toallas de papel para secar el tofu.
b) Consigue un tazón para mezclar: agrega el tofu con 2 cucharaditas de salsa de soja.
c) Coloca una sartén grande a fuego medio. Calienta 1 cucharada de aceite en él. Saltee en él el tofu durante 2 a 3 minutos por cada lado , luego escúrralo y déjelo a un lado.
d) Calienta el resto del aceite en la misma sartén. Saltear en él el champiñón durante 5 minutos. Agrega la salsa de chile, el ajo y el jengibre. Déjalas cocinar durante 40 segundos .

e) Tritura el ramen en pedazos. Mézclalo en la sartén con el caldo y cocínalos durante 3 minutos o hasta que el ramen esté cocido.
f) Agrega 2 cucharadas de salsa de soja, vinagre y azúcar. Agrega las espinacas y cocínalas de 2 a 3 minutos o hasta que doren .
g) Incorpora el tofu a los fideos y sírvelo caliente.

39. Ramen De Chile Y Coco

INGREDIENTES:
- 1 paquete (3 oz) de fideos ramen
- 2 cucharadas de mantequilla de maní
- 1 cucharadita de salsa de soja baja en sodio
- 1 1/2 cucharaditas de salsa de chile y ajo
- 2-3 cucharadas de agua caliente
- 2 cucharadas de coco rallado endulzado

Guarnación
- florete de brócoli
- miseria
- zanahoria rallada

INSTRUCCIONES:
a) Prepare los fideos según las instrucciones del paquete y deseche el paquete de condimentos.
b) Consiga un tazón grande para mezclar: bata la mantequilla de maní, la mitad del paquete de condimentos, la salsa de soja, la salsa de chile y ajo y 2-3 cucharadas de agua caliente hasta que queden suaves.
c) Agrega los fideos al tazón y revuélvelos para cubrirlos. Sirve tu fideos.
d) Disfrutar.

40. Salteado De Judías Verdes Y Ramen

INGREDIENTES:
- 1 1/2 libras de judías verdes frescas
- 2 paquetes (3 oz) de fideos ramen
- 1/2 taza de aceite vegetal
- 1/3 taza de almendras tostadas
- sal, según sea necesario
- pimienta negra, cantidad necesaria

INSTRUCCIONES:
a) Recorta las judías verdes y córtalas en trozos de 3 a 4 pulgadas. Coloca las judías verdes en una vaporera y cocínalas hasta que se ablanden.
b) Consigue una sartén grande. Agregue el aceite con 1 paquete de condimentos.
c) Triture 1 paquete de fideos y revuélvalo en la sartén. Agrega las judías verdes al vapor y cocínalas de 3 a 4 minutos.
d) Ajusta la sazón de tu salteado y luego sírvelo caliente.

41. Ramen Seúl

INGREDIENTES:
- 1 papa mediana
- 1 paquete de fideos ramen
- 1 cebolla verde, en rodajas (opcional)
- 1 huevo grande, batido

INSTRUCCIONES:
a) Desecha la piel de las patatas y córtalas en dados pequeños.
b) Prepara los fideos según las instrucciones del paquete mientras le agregas la papa y agregas 1/4 del agua necesaria a la olla.
c) Revuelva el paquete de condimentos y cocínelos para las patatas hasta que se ablanden.
d) Combina la cebolla verde en la olla y cocínala hasta que el ramen esté cocido. Agrega los huevos a la sopa mientras revuelves todo el tiempo hasta que estén cocidos.
e) Sirve tu sopa caliente.

42. Verduras salteadas y ramen

INGREDIENTES:
- 4-5 tallos de bok choy, cortados en trozos de 2 pulgadas
- 3 zanahorias, en rodajas
- 2 pimientos verdes, cortados en rodajas finas
- 1 paquete de fideos ramen, cocidos
- 1 taza de brotes de frijol frescos
- 1 lata de nuggets de maíz tierno, enjuagados
- 1 taza de teriyaki rociado y glaseado
- 1 cucharada de aceite vegetal
- 1 taza de agua

INSTRUCCIONES:
a) Agrega un poco de aceite a una sartén antiadherente y cocina las zanahorias, el pimiento y el bok choy en rodajas durante 3 minutos.
b) Agrega un poco de agua con los brotes de soja y el maíz, cocina por 3-4 minutos.
c) Ahora, agrega el teriyaki y mezcla bien. Cocine a fuego lento durante 4 minutos.
d) Servir y disfrutar.

43. Verduras Asadas Con Ramen

INGREDIENTES:
- 2 paquetes de fideos, cocidos
- 2 zanahorias, peladas y cortadas en rodajas
- 1 taza de brócoli, floretes
- 2 paquetes de mezcla de especias para fideos
- 3 tallos de apio, recortados
- 1 pimiento rojo, rebanado
- 1 taza de champiñones, picados
- 1 cebolla, picada
- Sal al gusto
- 1 cucharadita de jengibre, picado
- $\frac{1}{4}$ de cucharadita de ajo picado
- 2 cucharadas de aceite vegetal
- 2 cucharadas de vinagre
- 2 cucharadas de salsa de soja

INSTRUCCIONES:
a) Calentar un poco de aceite en una sartén y sofreír la cebolla con la pasta de ajo y jengibre durante 1-2 minutos.
b) Agrega todas las verduras y sofríe durante 4-5 minutos.
c) Agregue algunas especias y salsa de soja, mezcle bien para combinar.
d) Agrega unos chorritos de agua y cocina tapado durante 6 minutos a fuego lento.
e) Ahora, agrega los fideos y el vinagre, revuelve para combinar.
f) Disfrutar.

44. Ramen De Lima Y Pimiento Rojo

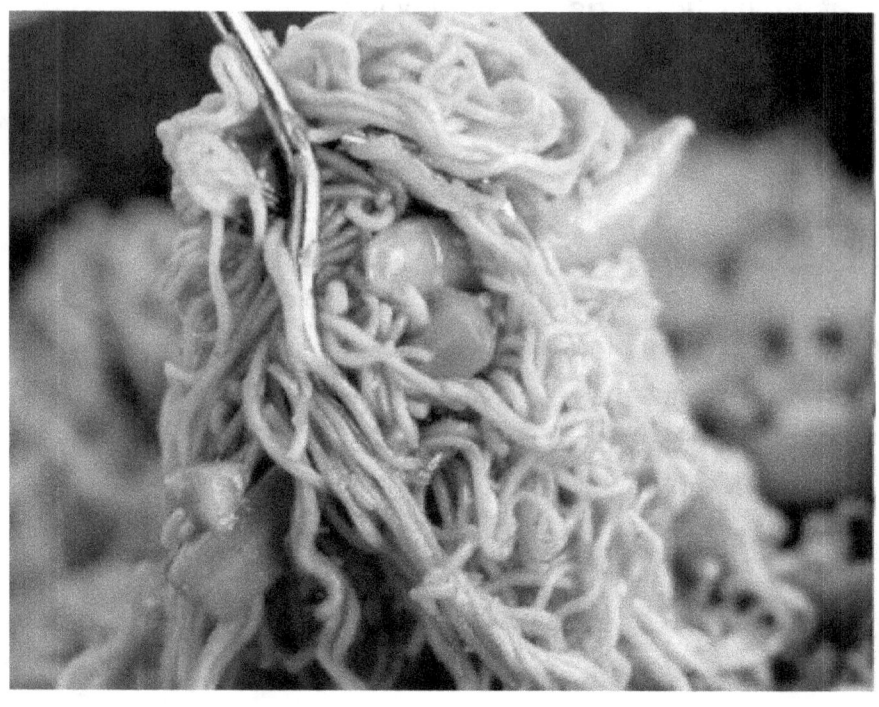

INGREDIENTES:
- 4 cucharadas de salsa de soja
- 2 cucharaditas de sambal oelek
- 1 cucharada de miel
- 2 cucharaditas de vinagre de arroz
- 2 cucharaditas de aceite de sésamo
- 4 cucharaditas de jugo de lima
- 1 cucharadita de aceite vegetal
- 2 cucharadas de jengibre, picado
- 1 cebolla, rebanada
- 1 taza de pimiento rojo, rebanado
- $\frac{1}{4}$ de taza de hojas de cilantro frescas picadas
- 2 manojos grandes de cebollas verdes, picadas
- 2 paquetes de fideos, hervidos con especias
- sal para sazonar

INSTRUCCIONES:
a) Calentar un poco de aceite en una sartén y sofreír el jengibre hasta que esté fragante.
b) Agrega el pimiento morrón y sofríe durante 4-5 minutos o hasta que esté bien asado.
c) Ahora, agregue todas las especias, la sal, la salsa de soja y el sambal oelek, mezcle bien.
d) Añade también un poco de cebolla y sofríe durante 3-4 minutos.
e) Agregue los fideos, el jugo de limón, la miel, el vinagre y el aceite de sésamo y revuelva para combinar.

f) Transfiera a una fuente para servir y cubra con cebollas verdes.

SOPAS

45. Kenchinjiru (sopa de verduras japonesa)

INGREDIENTES:
PARA EL DASHI:
- 1 pieza de kombu (algas secas) (4 x 4 pulgadas, 10 x 10 cm por pieza)
- 5 tazas de agua (para el kombu)
- 3 hongos shiitake secos
- 1 taza de agua (para el shiitake)

PARA LA SOPA:
- 7 oz de tofu firme (½ bloque de 14 oz)
- ½ paquete de konnyaku (konjac) (4,6 oz, 130 g)
- 7 oz de rábano daikon (2 pulgadas, 5 cm)
- 3.5 oz de zanahoria (1 zanahoria mediana)
- 3 piezas de taro (satoimo)
- 3,5 oz de gobo (raíz de bardana) (½ gobo)

PARA LAS CONDIMENTOS:
- 1 cucharada de aceite de sésamo tostado
- 3 cucharadas de sake
- ½ cucharadita de sal kosher Diamond Crystal
- 2 cucharadas de salsa de soja

PARA LA guarnición:
- 2 cebollas verdes/cebolletas
- Shichimi togarashi (siete especias japonesas) (opcional)
- Pimienta sansho japonesa (opcional)

INSTRUCCIONES:
PARA PREPARAR:
a) Noche anterior: Limpie suavemente 1 pieza de kombu (algas secas) con una toalla húmeda. Remoja el kombu

en 5 tazas de agua durante la noche. Si no tienes tiempo, evita el remojo.

b) Ponga a hervir lentamente el agua de kombu. Justo antes de que hierva el agua, retira y desecha el kombu. Apagar el fuego y reservar.

c) Coloque 3 hongos shiitake secos en un tazón pequeño y cúbralos con 1 taza de agua. Coloque un tazón más pequeño encima para asegurarse de que los champiñones queden sumergidos.

d) Envuelva 7 oz de tofu firme con una toalla de papel y colóquelo en un plato. Poner encima otro plato para prensar el tofu, escurrir durante 30 minutos.

e) Corta ½ paquete de konnyaku (konjac) en trozos pequeños. Hervir durante 2 a 3 minutos para eliminar el olor. Escurrir el agua y reservar.

f) Pele y corte 7 oz de rábano daikon, 3,5 oz de zanahoria y 3 trozos de taro (satoimo) en rodajas. Remoja el satoimo en agua para eliminar la textura viscosa.

g) Raspe la piel de 3,5 oz de gobo (raíz de bardana) con agua corriente. Córtalo en rodajas finas. Remojar en agua durante 5 minutos y escurrir.

h) Cuando los hongos shiitake estén blandos, exprime el líquido y déjalos a un lado. Cuela el shiitake dashi en un colador de malla fina para eliminar las partículas y reserva.

PARA COCINAR EL KENCHINJIRU:

i) Calienta una olla grande y agrega 1 cucharada de aceite de sésamo tostado. Saltee el daikon, la zanahoria, el taro (satoimo), el gobo (raíz de bardana) y el konnyaku hasta que estén cubiertos de aceite.

j) Añade las setas shiitake y el tofu desmenuzado. Saltee hasta que todos los ingredientes estén cubiertos de aceite.

k) Agrega el shiitake dashi y el kombu dashi. Llevar a ebullición.

l) Reduzca el fuego a fuego lento. Cocine durante 10 minutos, desnatando de vez en cuando para quitar la espuma.

m) Después de 10 minutos, agregue 3 cucharadas de sake y ½ cucharadita de sal kosher Diamond Crystal. Continúe cocinando hasta que las verduras estén tiernas. Finalmente, agrega 2 cucharadas de salsa de soja.

SERVIR:

n) Justo antes de servir, corte en rodajas finas 2 cebollas verdes/cebolletas.

o) Sirve la sopa y decora con cebolletas. Espolvorea con shichimi togarashi opcional y pimienta sansho japonesa si te gusta picante.

p) Guarde las sobras en un recipiente hermético o en la olla y guárdelas en el refrigerador.

46. Sopa japonesa de ñame y col rizada

INGREDIENTES:
- 2 dientes de ajo
- 1 cebolla
- 1 ñame japonés
- 2 onzas de col rizada
- 1 jalapeño
- 1 mazorca de maíz
- 1 lata de frijoles cannellini
- 2 paquetes de caldo de verduras concentrado
- ½ cucharadita de comino
- 1 cucharada de orégano
- 1 cucharada de aceite de oliva
- Sal y pimienta

INSTRUCCIONES:
PREPARAR LAS VERDURAS:
a) Picar el ajo.
b) Pelar y picar la cebolla.
c) Cortar el ñame japonés en dados (no es necesario pelarlo).
d) Despalilla la col rizada y corta las hojas en rodajas finas.
e) Recorta, quita las semillas y pica el jalapeño.
f) Retire la cáscara del maíz y corte los granos de la mazorca.
g) Escurrir y enjuagar las judías cannellini.

EMPEZAR LA SOPA:
h) Coloca una olla grande a fuego medio-alto con 1 cucharada de aceite de oliva.

i) Una vez que el aceite esté caliente, agrega el ajo picado, la cebolla picada, el jalapeño y una pizca de sal.
j) Cocine hasta que esté fragante, aproximadamente de 2 a 3 minutos.
k) Agregue el ñame cortado en cubitos, los granos de maíz, los frijoles cannellini, el caldo de verduras, el comino, el orégano, 3 tazas de agua, 1/4 cucharadita de sal y una pizca de pimienta a la olla de sopa.
l) Deje hervir a fuego lento, cubra y cocine hasta que los ñames japoneses estén tiernos, aproximadamente de 10 a 12 minutos.
m) Agrega la col rizada en rodajas a la sopa y revuelve.
n) Sirva la sopa japonesa de ñame y col rizada en tazones grandes.

47. Sopa De Fideos Nori

INGREDIENTES:
- 1 paquete (8 oz) de fideos soba secos
- 1 taza de caldo dashi preparado
- 1/4 taza de salsa de soja
- 2 cucharadas de mirín
- 1/4 cucharaditas de azúcar blanca
- 2 cucharadas de semillas de sésamo
- 1/2 taza de cebollas verdes picadas
- 1 hoja de nori (alga seca), cortada en tiras finas (opcional)

INSTRUCCIONES:
a) Cocine los fideos según las instrucciones del paquete. Escúrrelo y enfríalo con un poco de agua.
b) Coloca una cacerola pequeña a fuego medio. Agregue el dashi, la salsa de soja, el mirin y el azúcar blanca. Cocínalo hasta que empiece a hervir.
c) Apagar el fuego y dejar que la mezcla pierda calor durante 27 minutos. Divida las semillas de sésamo con los fideos en tazones para servir y vierta el caldo encima.
d) Adorne sus tazones de sopa con nori y cebollas verdes.
e) Disfrutar.

48. Sopa De Ramen De Champiñones

INGREDIENTES:
- 2 tazas de champiñones, rebanados
- 2 paquetes de fideos ramen
- 1 cucharadita de pimienta negra
- 2 cucharadas de salsa picante
- 2 cucharadas de salsa de soja
- 1 cucharada de salsa inglesa
- ¼ cucharadita de sal
- 3 tazas de caldo de verduras
- 1 cebolla, picada
- 2 cucharadas de salsa de chile
- 2 cucharadas de aceite de maní

INSTRUCCIONES:
a) Calienta aceite en una cacerola y sofríe los champiñones durante 5-6 minutos a fuego medio.
b) Agrega el caldo, la sal, la pimienta, la salsa picante, la salsa inglesa, la cebolla y la salsa de soja, mezcla bien. Hervir durante unos minutos.
c) Agrega los fideos y cocina por 3 minutos.
d) Cuando esté listo, transfiéralo a un tazón para servir y cubra con salsa de chile.
e) Disfrutar.

49. Sopa De Miso Con Tofu Y Repollo

INGREDIENTES:
- 750 ml de caldo de pollo o de verduras ecológico
- trozo de jengibre de 3 cm
- 2 dientes de ajo
- 1 chile rojo fresco
- ½ col rizada
- 1 zanahoria
- 2 cucharadas de pasta de miso
- salsa de soja baja en sal
- 100 g de tofu sedoso

INSTRUCCIONES:
a) Vierta el caldo en una cacerola y déjelo hervir.
b) Pelar y cortar en juliana el jengibre, pelar y cortar en rodajas finas los ajos, luego quitarles las semillas y picar la guindilla. Agregue al caldo, cubra y cocine a fuego lento durante 5 minutos.
c) Descorazona y tritura el repollo. Pele y corte en juliana la zanahoria, luego agréguela a la sartén, cubra y cocine a fuego lento durante 3 a 4 minutos más, o hasta que el repollo se ablande.
d) Agrega la pasta de miso y un buen chorrito de salsa de soja al gusto.
e) Agrega el tofu y déjalo reposar unos minutos antes de servir.

50. Sopa De Miso Con Tofu Y Algas

INGREDIENTES:
- 4 tazas de dashi
- 3 cucharadas de pasta de miso
- 1/2 taza de tofu, en cubos
- 2 cucharadas de alga wakame, rehidratada
- 2 cebollas verdes, en rodajas

INSTRUCCIONES:
a) Calienta el dashi en una olla.
b) Disuelva la pasta de miso en una pequeña cantidad de dashi y agréguela nuevamente a la olla.
c) Añade el tofu y el alga wakame rehidratada.
d) Cocine a fuego lento durante 5 minutos, decore con cebollas verdes en rodajas.

51. Sopa De Fideos Con Espinacas Y Cebollas Verdes

INGREDIENTES:
- 6 tazas de caldo de verduras
- 2 paquetes de fideos soba
- 2 tazas de espinacas frescas
- 4 cebollas verdes, en rodajas
- 1 cucharada de salsa de soja
- 1 cucharada de mirín
- 1 cucharadita de jengibre rallado

INSTRUCCIONES:
a) Cocine los fideos soba según las instrucciones del paquete y luego escúrralos.
b) En una olla calentar el caldo de verduras con la salsa de soja, el mirin y el jengibre rallado.
c) Agregue las espinacas frescas y las cebollas verdes en rodajas.
d) Una vez que las espinacas se ablanden, agregue los fideos soba cocidos al caldo.

52. Sopa De Fideos Udon Con Tempura De Verduras

INGREDIENTES:
- 6 tazas de caldo de verduras
- 2 paquetes de fideos udon
- Tempura de verduras variadas (batata, calabacín, brócoli)
- 2 cucharadas de salsa de soja
- 1 cucharada de mirín
- 1 cucharada de vinagre de arroz
- Cebollas verdes, en rodajas (para decorar)

INSTRUCCIONES:
a) Cocine los fideos udon según las instrucciones del paquete y luego escúrralos.
b) En una olla calentar el caldo de verduras con la salsa de soja, el mirin y el vinagre de arroz.
c) Prepare verduras tempura friéndolas u horneándolas hasta que estén crujientes.
d) Sirva los fideos udon en el caldo, cubiertos con verduras tempura y cebollas verdes en rodajas.

53. Sopa De Ramen Con Maíz Y Bok Choy

INGREDIENTES:
- 4 tazas de caldo de verduras
- 2 paquetes de fideos ramen
- 1 taza de hongos shiitake rebanados
- 1 taza de bok choy en rodajas
- 1 taza de granos de elote
- 1 cucharada de salsa de soja
- 1 cucharada de pasta de miso
- 1 cucharadita de aceite de sésamo

INSTRUCCIONES:
a) Cocine los fideos ramen según las instrucciones del paquete y luego escúrralos.
b) En una olla calienta el caldo de verduras con la salsa de soja, la pasta de miso y el aceite de sésamo.
c) Agregue champiñones shiitake en rodajas, bok choy y granos de maíz.
d) Cocine a fuego lento durante 5-7 minutos hasta que las verduras estén tiernas.
e) Sirve los fideos ramen en el caldo.

54. Sopa De Leche De Soja Y Calabaza

INGREDIENTES:
- 4 tazas de leche de soja sin azúcar
- 1 taza de calabaza, pelada y cortada en cubitos
- 1 cebolla, picada
- 2 cucharadas de pasta de miso
- 1 cucharada de salsa de soja
- 1 cucharada de aceite de sésamo
- 1 cucharadita de ajo rallado

INSTRUCCIONES:
a) En una olla, sofreír la cebolla en aceite de sésamo hasta que esté transparente.
b) Agrega la calabaza y continúa cocinando por unos minutos.
c) Vierta la leche de soja y cocine a fuego lento.
d) Disuelva la pasta de miso en una pequeña cantidad de caldo y agréguela nuevamente a la olla.
e) Sazone con salsa de soja y ajo rallado. Cocine a fuego lento hasta que la calabaza esté tierna.

55. Hokkaido Sukiyaki

INGREDIENTES:
- 4 tazas de caldo de verduras
- 1/4 taza de salsa de soja
- 2 cucharadas de mirín
- 2 cucharadas de azúcar
- 1 taza de tofu, rebanado
- 1 taza de fideos shirataki
- Verduras variadas (col napa, champiñones, cebollas verdes)

INSTRUCCIONES:
a) En una olla, combine el caldo de verduras, la salsa de soja, el mirin y el azúcar.
b) Agregue tofu, fideos shirataki y verduras variadas.
c) Cocine a fuego lento hasta que las verduras estén tiernas.
d) Servir caliente con arroz cocido al vapor.

56. Sopa de fideos Somen

INGREDIENTES:
- 6 tazas de caldo de verduras
- 2 paquetes de fideos somen
- 1 taza de guisantes, en rodajas finas
- 1 zanahoria, en juliana
- 1 cucharada de salsa de soja
- 1 cucharada de vinagre de arroz
- Semillas de sésamo y cebollas verdes en rodajas para decorar.

INSTRUCCIONES:
a) Cocine los fideos somen según las instrucciones del paquete y luego escúrralos.
b) En una olla calentar caldo de verduras con salsa de soja y vinagre de arroz.
c) Agregue los guisantes en rodajas y las zanahorias cortadas en juliana.
d) Sirva los fideos somen en el caldo, adornados con semillas de sésamo y cebollas verdes en rodajas.

57. Sopa De Fideos Al Curry

INGREDIENTES:
- 3 zanahorias, cortadas en trozos pequeños
- 1 cebolla pequeña, cortada en trozos pequeños
- 3 cucharadas de agua
- 1/4 taza de aceite vegetal
- 1/2 taza de harina para todo uso
- 2 cucharadas de harina para todo uso
- 2 cucharadas de curry rojo en polvo
- 5 tazas de caldo de verduras caliente
- 1/4 taza de salsa de soja
- 2 cucharaditas de jarabe de arce
- 8 oz. fideos udon, o más al gusto

INSTRUCCIONES:
a) Consigue un recipiente apto para microondas: agrega el agua con la zanahoria y la cebolla. tapa y cocínalos a temperatura alta durante 4 minutos y 30 segundos.

b) Coloca una olla sopera a fuego medio. Calienta el aceite que contiene. Agregue 1/2 taza más 2 cucharadas de harina y mezcle hasta formar una pasta.

c) Añade el curry con el caldo caliente y cocínalos durante 4 minutos sin dejar de mezclar todo el tiempo. Agrega la cebolla y la zanahoria cocidas con salsa de soja y jarabe de arce.

d) Cocine los fideos según las instrucciones del paquete hasta que se ablanden.

e) Cocine la sopa hasta que empiece a hervir. Agregue los fideos y sirva. tu sopa caliente.

58. Sopa De Ramen Con Champiñones

INGREDIENTES:
- 2 tazas de hojas de espinaca
- 2 paquetes de fideos ramen
- 3 tazas de caldo de verduras
- 3-4 dientes de ajo, picados
- ¼ cucharadita de cebolla en polvo
- Sal y pimienta para probar
- 1 cucharada de aceite vegetal
- ¼ de taza de cebolla tierna, picada
- 3-4 champiñones, picados

INSTRUCCIONES:
a) Agrega el caldo de verduras, la sal, el aceite y el ajo a una cacerola y deja hervir durante 1-2 minutos.
b) Ahora agregue los fideos, los champiñones, la cebolleta, las espinacas y la pimienta negra y cocine durante 2-3 minutos.
c) Disfruta caliente.

CALDO

59. Caldo Dashi

INGREDIENTES:

- 25 g de setas shiitake (secas)
- 10 g de kombu
- 1 litro de agua

INSTRUCCIONES:

a) Tome una olla con min. 500 ml de capacidad y poner el Shiitake Pile en una olla y el kombu en la otra.
b) Lleva ambas ollas a ebullición y luego déjalas hervir a fuego lento durante 1 hora.
c) Finalmente, cuela los ingredientes y agrega las dos infusiones.
d) Ponga 235 ml de cada uno en un plato hondo. Agregue la pasta y los aderezos que desee.

60. Caldo de verduras umami

INGREDIENTES:
- 2 cucharadas de pasta de miso ligera
- 2 cucharadas de aceite de colza
- 2 cucharadas de agua
- 2 cebollas (peladas y finamente picadas)
- 2 zanahorias (peladas y finamente picadas)
- 4 tallos de apio (finamente picados)
- 1 barra de puerro (finamente picado)
- 1 bulbo de hinojo (finamente picado)
- 5 raíces de cilantro
- 1 cabeza de ajo (partida por la mitad)
- ½ manojo de perejil de hoja plana
- 5 hongos shiitake secos
- 20 g de kombu
- 2 cucharaditas de sal
- 1 cucharadita de pimienta negra
- 2 hojas de laurel
- ½ cucharadita de semillas de mostaza amarilla
- ½ cucharadita de semillas de cilantro
- 3,5 litros de agua

INSTRUCCIONES:
a) Mezclar la pasta de miso con el aceite de colza y 2 cucharadas de agua y reservar.
b) Coloque las verduras, el kombu y los hongos shiitake en una bandeja para hornear. Rocíe la pasta de miso mezclada encima. Dejar todo en el horno durante 1 hora a 150 ° C. Darle la vuelta en el medio.

c) Luego ponga las verduras asadas en una cacerola grande. Agrega las especias y vierte agua. Llevar todo a ebullición, reducir el fuego y luego dejar hervir a fuego lento durante 1,5 horas.
d) Ponga 235 ml de cada uno en un plato hondo. Agregue la pasta y los aderezos que desee.

61. Sopa de cebolla clara de Hokkaido

INGREDIENTES:
- 6 tazas de caldo de verduras
- 2 cebollas (cortadas en cubitos)
- 1 tallos de apio (cortados en cubitos)
- 1 zanahoria (pelada y cortada en cubitos)
- 1 cucharada de ajo (picado)
- ½ cucharadita de jengibre (picado)
- 1 cucharadita de aceite de sésamo
- 1 taza de champiñones (en rodajas muy finas)
- ½ taza de cebolletas (en rodajas)
- al gusto sal y pimienta
- al gusto de salsa de soja (opcional)
- al gusto de Sriracha (opcional)

INSTRUCCIONES:
a) Saltear las cebollas en una cacerola con un poco de aceite hasta que estén ligeramente caramelizadas. Unos 10 minutos.
b) Agrega la zanahoria, el apio, el ajo y el jengibre, el aceite de sésamo y el caldo. Sazone al gusto con sal y pimienta.
c) Llevar a ebullición y luego cocinar a fuego lento durante 30 minutos.
d) Cuela las verduras del caldo.
e) Agregue un puñado de cebolletas y champiñones en rodajas finas a los tazones. Sirva la sopa encima.
f) Opcional: Añade un chorrito de salsa de soja y sriracha al gusto.

62. Base de sopa de miso

INGREDIENTES:
- 4 tazas de dashi
- 3 cucharadas de pasta de miso blanca o roja
- 1 taza de tofu, en cubos
- 1 taza de alga wakame, rehidratada

INSTRUCCIONES:
a) En una olla calienta el dashi hasta que esté a punto de hervir.
b) Disuelve la pasta de miso en una pequeña cantidad de dashi y agrégala nuevamente a la olla.
c) Añade el tofu y el alga wakame rehidratada.
d) Cocine a fuego lento durante unos 5 minutos hasta que el tofu esté bien caliente. No hervir una vez añadido el miso.

63. Caldo a base de salsa de soja

INGREDIENTES:
- 4 tazas de agua o caldo de verduras
- 1/4 taza de salsa de soja
- 2 cucharadas de mirín
- 1 cucharada de sake (opcional)
- 1 cucharada de azúcar
- 1 cucharadita de jengibre rallado

INSTRUCCIONES:
a) En una olla, combine agua o caldo de verduras, salsa de soja, mirin, sake, azúcar y jengibre rallado.
b) Llevar a fuego lento y dejar cocinar durante 10-15 minutos.
c) Ajusta el condimento según tu gusto.

64. Caldo De Ramen De Verduras

INGREDIENTES:
- 6 tazas de caldo de verduras
- 1 cebolla, rebanada
- 3 dientes de ajo, picados
- 1 zanahoria, en rodajas
- 1 tallo de apio, picado
- 1 cucharada de salsa de soja
- 1 cucharada de pasta de miso

INSTRUCCIONES:
a) En una olla sofreír la cebolla, el ajo, la zanahoria y el apio hasta que se ablanden.
b) Agrega el caldo de verduras, la salsa de soja y la pasta de miso. Revuelva bien.
c) Llevar a fuego lento y cocinar durante 15-20 minutos.
d) Cuela el caldo, desechando los sólidos.

65. Caldo de champiñones shiitake

INGREDIENTES:
- 6 tazas de agua o caldo de verduras
- 1 taza de hongos shiitake secos
- 1 cebolla, en cuartos
- 2 dientes de ajo, machacados
- 1 pieza de kombu (opcional)

INSTRUCCIONES:
a) En una olla, combine agua o caldo de verduras, hongos shiitake secos, cebolla, ajo y kombu.
b) Llevar a ebullición y luego reducir el fuego a fuego lento. Cocine durante 20-30 minutos.
c) Cuela el caldo, desechando los sólidos.

66. Caldo de miso con sésamo

INGREDIENTES:
- 4 tazas de caldo de verduras
- 3 cucharadas de pasta de miso blanca
- 2 cucharadas de tahini (pasta de sésamo)
- 1 cucharada de salsa de soja
- 1 cucharadita de aceite de sésamo
- 1 cebolla verde, picada

INSTRUCCIONES:
a) En una olla calienta caldo de verduras hasta que esté a punto de hervir.
b) En un tazón pequeño, mezcle la pasta de miso, el tahini, la salsa de soja y el aceite de sésamo hasta formar una pasta suave.
c) Agrega la mezcla de miso al caldo caliente, revolviendo bien.
d) Cocine a fuego lento durante 5-7 minutos, decore con cebollas verdes picadas.

67. Caldo picante de tofu y kimchi

INGREDIENTES:
- 4 tazas de dashi
- 1/2 taza de kimchi, picado
- 1/2 taza de tofu firme, en cubos
- 2 cucharadas de gochujang (pasta de chile rojo coreano)
- 1 cucharada de salsa de soja
- 1 cucharadita de semillas de sésamo

INSTRUCCIONES:
a) En una olla, combine el dashi, el kimchi, el tofu, el gochujang y la salsa de soja.
b) Llevar a fuego lento y cocinar durante 10 minutos.
c) Adorne con semillas de sésamo antes de servir.

68. Caldo Kotteri Vegetariano

INGREDIENTES:
- 500 g de calabaza (aprox. 300 g peladas y cortadas en trozos grandes)
- 2 cebollas (peladas y picadas en trozos grandes)
- 3 dientes de ajo (pelados)
- 100 g de setas shiitake frescas
- 6 hongos shiitake secos
- 6-8 g de kombu
- 2 litros de agua
- 2 cucharaditas de pimentón en polvo
- 2 cucharadas de jengibre (picado)
- 75 ml de salsa de soja
- 4 WL de pasta de miso
- 3 cucharadas de vinagre de arroz
- 3 cucharadas de aceite de coco
- 2 cucharaditas de sal
- aceite de oliva

INSTRUCCIONES:
a) Precalienta el horno a 250°C.
b) Coge una cacerola grande y pon a hervir unos 2 litros de agua. Agrega las setas shiitake secas y el kombu. Reduce el fuego y deja que todo hierva a fuego lento durante aproximadamente 1 hora.
c) Mezclar la calabaza, la cebolla, el ajo y las setas shiitake frescas con un poco de aceite de oliva y pimentón y extenderlo sobre una bandeja de horno.
d) Cocine las verduras en el horno durante unos 15
e) minutos. Reducir la temperatura a 225 ° C y cocinar por otros 15 minutos.

f) Después de que el caldo haya hervido a fuego lento durante una hora, retira los champiñones y el kombu, y añade las verduras y el jengibre. Deja que el caldo hierva a fuego lento durante 20 minutos con la tapa cerrada.
g) Haga puré el caldo finamente.
h) Luego agregue la pasta de miso, la salsa de soja, el vinagre de arroz, el aceite de coco y la sal y vuelva a hacer puré el caldo. Si es necesario, el caldo se puede diluir con agua.
i) Ponga 235 ml de cada uno en un plato hondo. Agregue la pasta y los aderezos que desee.

69. Caldo de fideos udon

INGREDIENTES:
- 6 tazas de caldo de verduras
- 1 taza de hongos shiitake rebanados
- 1 taza de bok choy, picado
- 2 cucharadas de salsa de soja
- 1 cucharada de mirín
- 1 cucharadita de jengibre rallado
- 8 oz de fideos udon, cocidos

INSTRUCCIONES:
a) En una olla, combine el caldo de verduras, los hongos shiitake, el bok choy, la salsa de soja, el mirin y el jengibre rallado.
b) Cocine a fuego lento durante 15-20 minutos hasta que las verduras estén tiernas.
c) Divida los fideos udon cocidos en tazones para servir y vierta el caldo caliente sobre ellos.

70. Caldo de té verde de Hokkaido

INGREDIENTES:
- 4 tazas de agua
- 2 bolsitas de té verde
- 1 cucharada de salsa de soja
- 1 cucharada de mirín
- 1 cucharadita de limoncillo rallado
- 1 taza de espinacas, picadas

INSTRUCCIONES:

a) Hierva el agua y deje reposar las bolsitas de té verde durante 5 minutos.

b) Retire las bolsitas de té y agregue la salsa de soja, el mirin y la hierba de limón rallada.

c) Agregue las espinacas picadas y cocine a fuego lento durante 3-5 minutos más.

71. Caldo de champiñones y miso con verduras

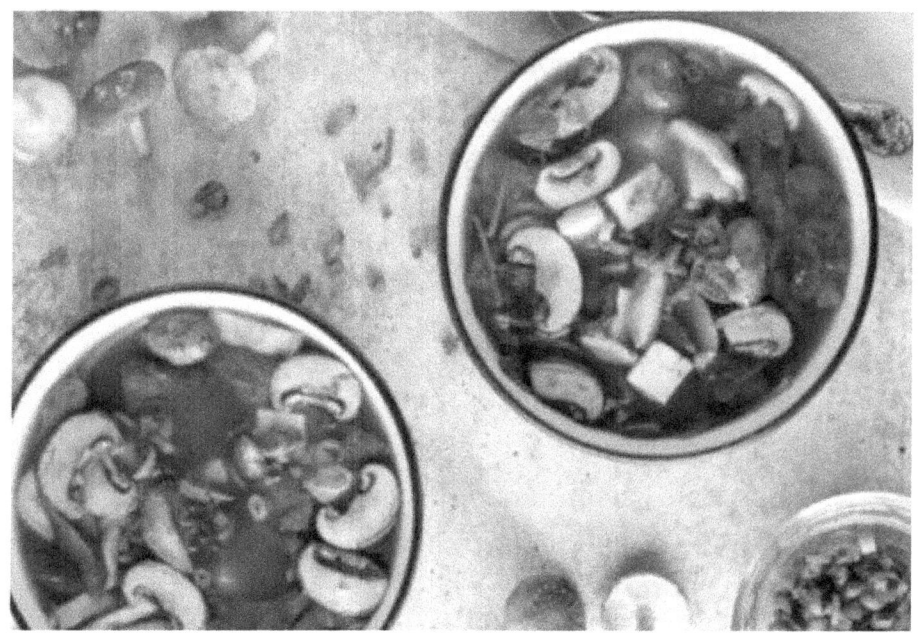

INGREDIENTES:
- 5 tazas de caldo de verduras
- 1/2 taza de hongos shiitake secos
- 1 taza de champiñones ostra rebanados
- 3 cucharadas de pasta de miso blanca
- 2 cucharadas de salsa de soja
- 1 cucharada de aceite de sésamo

INSTRUCCIONES:
a) En una olla, combine el caldo de verduras, los hongos shiitake secos, los hongos ostra, la pasta de miso, la salsa de soja y el aceite de sésamo.
b) Cocine a fuego lento durante 20-25 minutos.
c) Ajuste el condimento si es necesario antes de servir.

72. Caldo De Jengibre Y Limoncillo

INGREDIENTES:
- 4 tazas de caldo de verduras
- 2 cucharadas de salsa de soja
- 1 cucharada de pasta de miso
- 1 cucharada de jengibre rallado
- 2 tallos de limoncillo, triturados
- 1 zanahoria, en rodajas
- 1 taza de guisantes, cortados

INSTRUCCIONES:

a) En una olla, combine el caldo de verduras, la salsa de soja, la pasta de miso, el jengibre rallado y la hierba de limón triturada.

b) Agregue la zanahoria en rodajas y los guisantes.

c) Cocine a fuego lento durante 15-20 minutos hasta que las verduras estén tiernas.

73. Caldo de shiitake de castañas

INGREDIENTES:
- 5 tazas de agua
- 1 taza de hongos shiitake secos
- 1 taza de castañas asadas, peladas
- 1 cucharada de salsa de soja
- 1 cucharada de mirín
- 1 cucharadita de aceite de sésamo

INSTRUCCIONES:

a) En una olla, combine el agua, los hongos shiitake secos, las castañas asadas, la salsa de soja, el mirin y el aceite de sésamo.

b) Cocine a fuego lento durante 20-25 minutos.

c) Cuela el caldo, desechando los sólidos.

74. Caldo De Camote Y Coco

INGREDIENTES:
- 4 tazas de caldo de verduras
- 1 taza de camote, cortado en cubitos
- 1 lata (14 oz) de leche de coco
- 2 cucharadas de salsa de soja
- 1 cucharada de jarabe de arce
- 1 cucharadita de curry en polvo

INSTRUCCIONES:
a) En una olla, combine el caldo de verduras, la batata cortada en cubitos, la leche de coco, la salsa de soja, el jarabe de arce y el curry en polvo.
b) Cocine a fuego lento durante 15-20 minutos hasta que la batata esté tierna.

75. Caldo De Sake Y Champiñones Secos

INGREDIENTES:
- 4 tazas de agua
- 1 taza de hongos shiitake secos
- 1 taza de champiñones de oreja de madera secos
- 1/4 taza de salsa de soja
- 2 cucharadas de sake
- 1 cucharada de vinagre de arroz

INSTRUCCIONES:

a) En una olla, combine agua, hongos shiitake secos, champiñones secos, salsa de soja, sake y vinagre de arroz.

b) Cocine a fuego lento durante 20-25 minutos.

c) Cuela el caldo, desechando los sólidos.

76. Caldo con infusión de wasabi y nori

INGREDIENTES:
- 4 tazas de caldo de verduras
- 1 cucharada de salsa de soja
- 1 cucharada de pasta de miso
- 1 cucharada de vinagre de arroz
- 1 cucharadita de pasta de wasabi
- 2 hojas de nori (alga marina), partidas en pedazos

INSTRUCCIONES:
a) En una olla, combine el caldo de verduras, la salsa de soja, la pasta de miso, el vinagre de arroz, la pasta de wasabi y el nori desmenuzado.
b) Cocine a fuego lento durante 15 a 20 minutos, permitiendo que los sabores se mezclen.
c) Cuela el caldo, desechando los trozos de nori.

77. Sopa clara de champiñones

INGREDIENTES:
- 6 tazas de agua
- 1 taza de hongos shiitake rebanados
- 1 taza de champiñones enoki rebanados
- 1 taza de champiñones ostra rebanados
- 1 zanahoria, en juliana
- 1 cucharada de salsa de soja
- 1 cucharada de mirín
- 1 cucharada de sake (opcional)
- 1 cucharadita de aceite de sésamo

INSTRUCCIONES:
a) En una olla, ponga agua a hervir.
b) Agrega el shiitake, el enoki, los champiñones ostra y la zanahoria cortada en juliana.
c) Condimente con salsa de soja, mirin, sake y aceite de sésamo.
d) Cocine a fuego lento durante 15-20 minutos hasta que las verduras estén tiernas.

ENSALADAS

78. Ensalada De Algas Y Sésamo

INGREDIENTES:
- 1 taza de alga wakame, rehidratada
- 1 cucharada de aceite de sésamo
- 1 cucharada de salsa de soja
- 1 cucharada de vinagre de arroz
- 1 cucharadita de azúcar
- Semillas de sésamo para decorar

INSTRUCCIONES:
a) Mezcla el alga wakame rehidratada con aceite de sésamo, salsa de soja, vinagre de arroz y azúcar.
b) Adorne con semillas de sésamo antes de servir.

79. Ensalada De Ramen De Manzana

INGREDIENTES:

- 12 onzas. floretes de brócoli
- 1 bolsa (12 oz) de mezcla de ensalada de col y brócoli
- 1/4 taza de semillas de girasol
- 2 paquetes (3 oz) de fideos ramen
- 3 cucharadas de mantequilla
- 2 cucharadas de aceite de oliva
- 1/4 taza de almendras rebanadas
- 3/4 taza de aceite vegetal
- 1/4 taza de azúcar moreno
- 1/4 taza de vinagre de sidra de manzana
- 1/4 taza de cebolla verde, picada

INSTRUCCIONES:

a) Coloca una sartén grande a fuego medio. Calienta el aceite que contiene.
b) Presiona tu ramen con las manos para aplastarlo. Revuélvelo en la sartén con las almendras.
c) Cocínelos durante 6 minutos y luego reserve la sartén.
d) Consiga un tazón grande para mezclar: agregue el brócoli, la ensalada de brócoli y los girasoles. Agrega la mezcla de fideos y revuélvelos nuevamente.
e) Consigue un tazón pequeño para mezclar: combina en él el aceite vegetal, el azúcar moreno, el vinagre de sidra de manzana y el paquete de condimentos para fideos ramen para hacer la vinagreta.

f) Rocíe la vinagreta por toda la ensalada y revuelva para cubrir. Sirve tu ensalada con las cebollas verdes encima. Disfrutar.

80. Ensalada De Ramen Sambal

INGREDIENTES:
- 1 paquete (3 oz) de fideos ramen
- 1 taza de repollo, rallado
- 4 cebolletas, cortadas en trozos de 1 pulgada
- 2-3 zanahorias
- guisantes, cortados en juliana
- 3 cucharadas de mayonesa
- 1/2 cucharaditas de sambal oelek o sriracha
- 1-2 cucharaditas de jugo de limón
- 1/4 taza de maní, picado
- cilantro, picado

INSTRUCCIONES:
a) Prepara los fideos según las instrucciones del paquete y cocínalos durante 2 minutos. Sácalo del agua y déjalo a un lado para que escurra.
b) Consigue un tazón pequeño para mezclar: bate la mayonesa , el sambal olek y el jugo de limón para hacer la salsa.
c) Consigue un tazón grande para mezclar: combina en él el repollo, las zanahorias, cebolletas, guisantes, fideos cocidos, salsa mayonesa , una pizca de sal y pimienta. Mézclalos bien.
d) Sirve tu ensalada y disfruta.

81. Ensalada de ramen serrano de Hokkaido

INGREDIENTES:
- 1 cebolla amarilla, picada
- 2 tomates roma, picados
- 1 chile serrano, picado
- 1 pimiento rojo, asado y pelado, mediano picado
- 1 taza de vegetales mixtos cortados en cubitos
- 2 paquetes (3 oz) de fideos ramen instantáneos con sabor oriental
- 1 cubito de caldo de verduras
- 1 cucharadita de comino en polvo
- 1 cucharadita de chile rojo en polvo
- 4 cucharadas de salsa para espaguetis
- 2 cucharaditas de aceite de canola o 2 cucharaditas de cualquier otro aceite vegetal

INSTRUCCIONES:
a) Coloca una sartén grande a fuego medio. Calienta el aceite que contiene. Saltee en él la cebolla con el jitomate y el chile serrano durante 3 minutos.

b) Agrega un paquete de condimentos y el cubo de caldo Maggi. Agregue las verduras, el comino y 1/2 taza de agua. Cocínelos durante 6 minutos. Agregue la salsa de espagueti y cocínelos por 6 minutos más.

c) Prepara los fideos según las instrucciones del paquete. Mezcle los fideos con la mezcla de verduras. Sírvelo caliente. Disfrutar.

82. Ensalada De Ramen Mandarín

INGREDIENTES:
- 1 paquete (16 oz) de mezcla de ensalada de col
- 2 paquetes (3 oz) de fideos ramen, desmenuzados
- 1 taza de almendras rebanadas
- 1 lata (11 oz) de mandarinas, escurridas
- 1 taza de semillas de girasol tostadas, sin cáscara
- 1 manojo de cebolla verde, picada
- 1/2 taza de azúcar
- 3/4 taza de aceite vegetal
- 1/3 taza de vinagre blanco
- 2 paquetes de condimento para ramen

INSTRUCCIONES:
a) Consigue un tazón pequeño para mezclar: bate el vinagre, el condimento para ramen, el aceite y el azúcar para hacer el aderezo.

b) Consiga un tazón grande para mezclar: mezcle la mezcla de ensalada de col con fideos, almendras, mandarina, semillas de girasol y cebolla.

c) Rocíe el aderezo sobre ellos y revuélvalos para cubrirlos. Coloca la ensalada en el frigorífico durante 60 minutos y luego sírvela. Disfrutar.

83. Ramen Con Repollo Y Semillas De Girasol

INGREDIENTES:
ramen
- 16 onzas. repollo rallado o mezcla de ensalada de col
- 2/3 taza de semillas de girasol
- 1/2 taza de almendras fileteadas
- 3 bolsas de fideos ramen instantáneos sabor oriental, crujientes, crudos, paquete guardado
- 1 manojo de cebolla verde, picada

VINAGRETA
- 1/2 taza de aceite
- 3 cucharadas de vinagre de vino tinto
- 3 cucharadas de azúcar
- 2 cucharaditas de pimienta
- 3 paquetes de condimentos de fideos ramen instantáneos con sabor oriental

INSTRUCCIONES:
a) Consigue un tazón grande para mezclar: echa en él los ingredientes de la ensalada.
b) Consigue un tazón pequeño para mezclar: bate en él los ingredientes del aderezo.
c) Rocíe el aderezo sobre la ensalada y revuélvalos para cubrirlos. Servirlo de inmediato.
d) Disfrutar.

84. Ensalada Cremosa De Nueces Y Fideos

INGREDIENTES:
- 1 paquete de fideos ramen
- 1 taza de apio cortado en cubitos
- 1 lata (8 oz) de castañas de agua en rodajas, escurridas
- 1 taza de cebolla morada picada
- 1 taza de pimiento verde picado
- 1 taza de guisantes
- 1 taza de mayonesa

INSTRUCCIONES:
a) Tritura los fideos en 4 trozos. Prepárelos según las instrucciones del paquete.
b) Consiga un tazón grande para mezclar: escurra los fideos y mezcle con el apio, las castañas de agua, la cebolla, el pimiento y los guisantes.
c) Consigue un tazón pequeño para mezclar: bate la mayonesa con 3 paquetes de condimentos. Agréguelos a la ensalada y revuélvalos para cubrirlos.
d) Coloca la ensalada en el frigorífico durante 1 a 2 h y luego sírvela.

85. Ensalada de jengibre y sésamo de inspiración japonesa

INGREDIENTES:
- 6 tazas de ensalada de verduras mixtas (lechuga, espinacas, rúcula)
- 1 pepino, en rodajas finas
- 1 zanahoria, en juliana
- 1 taza de tomates cherry, cortados por la mitad
- 2 cucharadas de semillas de sésamo

VENDAJE:
- 3 cucharadas de salsa de soja
- 2 cucharadas de vinagre de arroz
- 1 cucharada de jarabe de arce
- 1 cucharada de aceite de sésamo
- 1 cucharadita de jengibre rallado

INSTRUCCIONES:
a) En un tazón grande, combine las verduras para ensalada, el pepino, la zanahoria y los tomates cherry.
b) En un tazón pequeño, mezcle los ingredientes del aderezo.
c) Rocíe el aderezo sobre la ensalada y revuelva bien.
d) Espolvoree semillas de sésamo encima antes de servir.

86. Ensalada de verduras asadas glaseadas con miso

INGREDIENTES:
- 4 tazas de vegetales asados mixtos (batatas, pimientos morrones, calabacines)
- 1 taza de quinua, cocida
- 1/4 taza de almendras rebanadas
- 1/4 taza de cilantro fresco picado

Vendaje:
- 2 cucharadas de pasta de miso blanca
- 2 cucharadas de vinagre de arroz
- 1 cucharada de salsa de soja
- 1 cucharada de jarabe de arce
- 1 cucharada de aceite de sésamo

INSTRUCCIONES:
a) Combine las verduras asadas y la quinua en un tazón grande.
b) En un tazón pequeño, mezcle la pasta de miso, el vinagre de arroz, la salsa de soja, el jarabe de arce y el aceite de sésamo para hacer el aderezo.
c) Vierte el aderezo sobre las verduras y la quinua, revuelve bien.
d) Adorne con almendras rebanadas y cilantro antes de servir.

87. Ensalada De Garbanzos Y Aguacate

INGREDIENTES:
- 2 tazas de garbanzos cocidos
- 1 aguacate, cortado en cubitos
- 1 taza de tomates cherry, cortados por la mitad
- 1/2 cebolla morada, finamente picada
- 1/4 taza de perejil fresco picado

VENDAJE:
- 3 cucharadas de aceite de oliva
- 2 cucharadas de jugo de limón
- 1 diente de ajo, picado
- Sal y pimienta para probar

INSTRUCCIONES:
a) En un tazón grande, combine los garbanzos, el aguacate, los tomates cherry, la cebolla morada y el perejil.
b) En un tazón pequeño, mezcle el aceite de oliva, el jugo de limón, el ajo picado, la sal y la pimienta.
c) Vierta el aderezo sobre la ensalada y revuelva suavemente para combinar.

88. Tazón de sushi de tofu frito crujiente

INGREDIENTES:
- 4 tazas de arroz para sushi tradicional preparado
- 6 onzas de tofu firme, cortado en rodajas gruesas
- 2 cucharadas de fécula de patata o maicena
- 1 clara de huevo grande, mezclada con 1 cucharadita de agua
- $\frac{1}{2}$ taza de pan rallado
- 1 cucharadita de aceite de sésamo oscuro
- 1 cucharadita de aceite de cocina
- $\frac{1}{2}$ cucharadita de sal
- Una zanahoria, cortada en 4 palitos
- $\frac{1}{2}$ aguacate, cortado en rodajas finas
- 4 cucharadas de granos de maíz, cocidos
- 4 cucharaditas de cebollas verdes picadas, solo las partes verdes
- 1 nori, cortado en tiras finas

INSTRUCCIONES:
a) Prepara el arroz para sushi.
b) Coloque las rebanadas entre capas de toallas de papel o paños de cocina limpios y coloque un recipiente pesado encima de ellas.
c) Deje escurrir las rodajas de tofu durante al menos 10 minutos.
d) Calienta tu horno a 375°F.
e) Pasa las rodajas de tofu escurridas por el almidón de patata.
f) Pon las rodajas en la mezcla de clara de huevo y dales la vuelta para cubrirlas.

g) Mezcle el panko, el aceite de sésamo oscuro, la sal y el aceite de cocina en un tazón mediano.
h) Presione ligeramente algunas de las mezclas de panko sobre cada una de las rodajas de tofu.
i) Coloca las rodajas en una bandeja para horno cubierta con papel pergamino.
j) Hornee por 10 minutos y luego dé la vuelta a las rebanadas.
k) Hornee por otros 10 minutos, o hasta que la capa de panko esté crujiente y dorada.
l) Retire las rodajas del horno y déjelas enfriar un poco.
m) Reúna 4 tazones pequeños para servir. Mójate las yemas de los dedos antes de agregar ¾ de taza de arroz para sushi a cada tazón.
n) Aplana suavemente la superficie del arroz en cada tazón. Divide las rodajas de tofu panko entre los 4 tazones.
o) Agrega ¼ de los palitos de zanahoria a cada tazón.
p) Pon ¼ de las rodajas de aguacate en cada bol. Coloque 1 cucharada de granos de maíz encima de cada tazón.
q) Para servir, espolvoree ¼ de las tiras de nori sobre cada tazón. Sirva con jarabe de soja endulzado o salsa de soja.

POSTRES

89. Shochu japonés al limón

INGREDIENTES:
- 20 ml de jugo de limón fresco
- 20ml de shochu
- 40 ml de agua con gas
- Rodajas de lima y limón para decorar

INSTRUCCIONES:
a) En una coctelera limpia, vierte todo el contenido y agita bien para mezclar.
b) Agrega algunos cubitos de hielo en los vasos listos y vierte la bebida en cada uno.
c) Servir con rodajas de limón y lima.

90. Dulces — Mochi

INGREDIENTES:

- 1 ½ taza. Anko prefabricado
- 11/2 taza. agua
- 1 taza. Katakuriko (almidón de maíz)
- ½ taza. azúcar
- 1 ¼ taza. shiratama-ko (harina de arroz)

INSTRUCCIONES:

a) Calienta ½ taza. Agua. Agrega ½ taza. Azúcar, llevar a ebullición
b) Agrega la mitad del polvo de Anko. Revuelva bien para mezclar
c) Agregue más agua si se siente seco, revolviendo hasta que se solidifique. Dejar enfriar
d) Cuando se enfríe, saque el contenido y moldee en 10 o más bolitas pequeñas.
e) Mezcle el resto del azúcar y el agua en un tazón pequeño, reserve
f) Vierta la harina de arroz en un bol . Vierta con cuidado la mezcla de azúcar en la harina, revolviendo para formar una masa.
g) Colócalo en el microondas y calienta durante 3 minutos.
h) Rocía un poco de katakuriko en la superficie, retira la masa y colócala sobre la plataforma enharinada.
i) Amasar suavemente, cortar en bolitas y aplanar cada bolita.
j) Coloque una bola de Anko en cada masa plana, enróllela para formar una bola.

91. Brochetas de frutas japonesas

INGREDIENTES:
- 2 tazas. Fresa. DE descascarado y puntas retiradas
- 12 aceitunas verdes
- 2 taza. Cubos de piña o 1 lata de piña
- 2 tazas. Kiwis rebanados
- 2 taza. Moras
- 2 taza. arándanos
- 9 brochetas o palillos

INSTRUCCIONES:
a) Escurrir el exceso de líquido de las frutas y fijarlas alternativamente en las brochetas.
b) Colocar las brochetas rellenas en una bandeja y dejar reposar en el frigorífico durante 1 hora.
c) Retirar y servir cuando esté listo.

92. Salsa Afrutada De Agar

INGREDIENTES:
- 1 palo. Agar Kanten (gelatina de frutas)
- 1 lata pequeña. gajos de mandarina
- 40 g de shiratama-ko (harina de arroz)
- 3cucharadas de frijoles rojos prefabricados
- 10 kilos. azúcar
- 1 taza. Frutas mixtas de kiwis, fresas, etc.

INSTRUCCIONES:
a) Coloque el agar Kanten en agua fría, déjelo en remojo hasta que se ablande.
b) Hervir 250 ml de agua, escurrir el tierno Kanten del agua y añadirlo al agua hirviendo. Agregue azúcar y hierva hasta que Kanten esté bien disuelto. Vierta en un bol, déjelo enfriar y congélelo en el congelador para que cuaje.
c) Vierta el shiratama-ko en un bol, agregue un poco de agua y revuelva hasta formar una masa. Enrollarlo y cortarlo en bolitas.
d) Hierva otra olla grande con agua, agregue las bolas de shiratama-ko cuando el agua hierva y cocine hasta que las bolas floten sobre el agua hirviendo.
e) Coloque las frutas cortadas en un bol, agregue las bolas de shiratama-ko listas, saque una porción de los frijoles rojos, la mandarina, corte el Kanten en cubos y agréguelo al bol.
f) Rocíe el jarabe de mandarina o salsa de soja si está disponible y sirva.

93. Dango Kinako

INGREDIENTES:
- Kinako, media taza
- Azúcar granulada, dos cucharadas
- Agua fría, media taza
- Dango en polvo, una taza
- Sal kosher, media cucharadita

INSTRUCCIONES:
a) En un tazón agregue el polvo de Dango y el agua. Mezclar bien hasta que esté bien combinado.
b) Coge un poco de masa y dale forma de bola.
c) Colócalo en un plato y repite hasta utilizar toda la masa.
d) Reserva un recipiente con agua fría.
e) Agregue bolas de dango al agua hirviendo y hierva hasta que suban a la superficie.
f) Escurrir y añadir al agua fría. Dejar unos minutos hasta que se enfríen y escurran.
g) En otro tazón, agregue el kinako, el azúcar y la sal y mezcle bien.
h) Coloque la mitad de la mezcla de kinako en un tazón para servir, agregue las bolas de dango y cubra con el kinako sobrante.
i) Su comida está lista para ser servida.

94. Hokkaido Dorayaki

INGREDIENTES:
- Miel, dos cucharadas
- huevos, dos
- Azúcar, una taza
- harina, una taza
- Polvo para hornear, una cucharadita
- Pasta de frijoles rojos, media taza

INSTRUCCIONES:
a) Reúne todos los ingredientes.
b) En un tazón grande, combine los huevos, el azúcar y la miel y bata bien hasta que la mezcla quede esponjosa.
c) Tamizar la harina y el polvo para hornear en el bol y mezclar todo.
d) La masa debería quedar un poco más suave ahora.
e) Calienta una sartén antiadherente grande a fuego medio-bajo. Lo mejor es tomarse su tiempo y calentar lentamente.
f) Cuando veas que la superficie de la masa comienza a burbujear, dale la vuelta y cocina el otro lado.
g) Poner la pasta de judías rojas en el centro.
h) Envuelva el dorayaki con film transparente hasta que esté listo para servir.

95. Helado de matcha

INGREDIENTES:
- Matcha en polvo, tres cucharadas
- 2 tazas Mitad y mitad de origen vegetal,
- Sal kosher, una pizca
- Azúcar, media taza

INSTRUCCIONES:
a) En una cacerola mediana, mezcle la mitad y la mitad, el azúcar y la sal.
b) Comienza a cocinar la mezcla a fuego medio y agrega té verde en polvo.
c) Retirar del fuego y transferir la mezcla a un recipiente en un baño de hielo. Cuando la mezcla esté fría, cubrir con film transparente y enfriar en el frigorífico.
d) Tu plato está listo para ser servido.

96. Hokkaidō Zenzai

INGREDIENTES:
- Mochi, una taza
- Frijoles rojos, una taza
- Azúcar, tres cucharadas

INSTRUCCIONES:
a) Coloque los frijoles rojos y cinco tazas de agua en una olla.
b) Llevar a ebullición y cocinar durante cinco minutos, luego colar los frijoles y desechar el agua en la que se cocinaron.
c) Ahora escurre los frijoles reservando el agua en la que se cocinaron.
d) Coloque los frijoles escurridos en la olla, agregue el azúcar y cocine a fuego medio durante diez minutos, revolviendo constantemente.
e) Luego, vierte el agua de cocción de los frijoles, sazona con azúcar y revuelve a fuego lento.
f) Hornee los mochi sobre una parrilla o en un horno tostador hasta que se expandan y se doren ligeramente.
g) Coloque el mochi en un tazón para servir y cúbralo con una cucharada de sopa de frijoles.

97. Jalea de café japonesa

INGREDIENTES:
- 470 ml de café fuerte y caliente
- 1 paquete de gelatina en polvo
- 60 gramos de azúcar
- 100ml de nata
- 2 cucharadas de azúcar

INSTRUCCIONES:
a) En primer lugar, mezcla la gelatina en polvo con 4 cucharaditas de agua y deja que se hinche durante 10 minutos.
b) Agrega el azúcar al café y revuelve hasta que el azúcar se haya disuelto. Deja que el café se enfríe.
c) Vierta el café en un recipiente plano (de unos 2 cm de alto) y guárdelo en el frigorífico durante 6 horas.
d) Montar la nata con 2 cucharaditas de azúcar.
e) Saca el molde del frigorífico y corta todo en cubos grandes. Servir con crema.

98. Tiramisú Matcha

INGREDIENTES:
- 1 taza de anacardos, remojados
- 1/4 taza de jarabe de arce
- 1 cucharadita de extracto de vainilla
- 1 cucharada de matcha en polvo
- 1 taza de té verde fuerte, enfriado
- dedos de señora
- Cacao en polvo para espolvorear

INSTRUCCIONES:
a) Licue los anacardos remojados, el jarabe de arce, el extracto de vainilla y el polvo de matcha hasta que quede suave.
b) Sumerja los bizcochos en el té verde y colóquelos en capas en el fondo de un plato.
c) Extienda una capa de la mezcla de anacardos y matcha sobre los bizcochos.
d) Repita las capas y termine con una capa de cacao en polvo.
e) Refrigere por unas horas antes de servir.

99. Kinako WarabiMochi

INGREDIENTES:
- 1 taza de warabi mochi en polvo
- 2 tazas de agua
- 1/2 taza de kinako (harina de soja tostada)
- 1/4 taza de azúcar
- Kuromitsu (jarabe de azúcar moreno japonés)

INSTRUCCIONES:
a) Mezcle el polvo de warabi mochi y el agua en una cacerola.
b) Cocine a fuego medio, revolviendo continuamente hasta que espese.
c) Vierte en un molde y refrigera hasta que cuaje.
d) Cortar en trozos pequeños y cubrir con una mezcla de kinako y azúcar.
e) Rocíe con kuromitsu antes de servir.

100. Sorbete de Yuzu de Hokkaido

INGREDIENTES:
- 1 taza de jugo de yuzu
- 1 taza de agua
- 1/2 taza de azúcar
- Ralladura de 1 yuzu (opcional)

INSTRUCCIONES:
a) En una cacerola, combine el jugo de yuzu, el agua y el azúcar.
b) Calienta a fuego medio, revolviendo hasta que el azúcar se disuelva.
c) Retirar del fuego, agregar ralladura de yuzu si la usa y dejar enfriar.
d) Vierte la mezcla en una heladera y bate según las instrucciones del fabricante.
e) Congele hasta que esté firme y sirva.

CONCLUSIÓN

Al concluir nuestro viaje culinario a través de las cocinas modernas de Hokkaido, esperamos que "La cocina moderna de Hokkaido" lo haya dejado inspirado, encantado y con ganas de más. Con 100 recetas que muestran lo mejor de las delicias culinarias de Hokkaido, ha experimentado los sabores vibrantes y las ricas tradiciones que definen esta isla más septentrional de Japón.

Desde abundantes clásicos hasta creaciones contemporáneas, cada plato de este libro de cocina cuenta una historia de la herencia culinaria única de Hokkaido y el espíritu innovador de sus chefs y cocineros caseros. Ya sea que se haya deleitado con reconfortantes tazones de miso ramen, haya saboreado los delicados sabores de los mariscos frescos o haya deleitado la dulzura de los productos lácteos de Hokkaido, confiamos en que haya saboreado cada momento de su aventura culinaria en Hokkaido.

Mientras continúas explorando la cocina moderna de Hokkaido, te animamos a que dejes volar tu creatividad. Ya sea que esté experimentando con nuevos ingredientes, dándole su propio toque a recetas tradicionales o compartiendo los sabores de Hokkaido con amigos y familiares, que su viaje culinario sea tan rico y gratificante como los sabores del propio Hokkaido.

Gracias por acompañarnos en esta deliciosa aventura. Esperamos que "La cocina moderna de Hokkaido" se convierta en un preciado compañero en su cocina, que inspire muchas más delicias culinarias en los años venideros. Hasta que nos volvamos a encontrar, que sus comidas estén llenas de la calidez, el sabor y el espíritu de Hokkaido. ¡Feliz cocina!

www.ingramcontent.com/pod-product-compliance
Lightning Source LLC
Chambersburg PA
CBHW070351120526
44590CB00014B/1091